阮章竞研究

张立群 著

西苑出版社
XIYUAN PUBLISHING HOUSE
·北京·

图书在版编目（CIP）数据

阮章竞研究 / 张立群著. -- 北京 : 西苑出版社,
2021.10
ISBN 978-7-5151-0810-0

Ⅰ. ①阮… Ⅱ. ①张… Ⅲ. ①阮章竞（1914-2000）
—人物研究 Ⅳ. ①K825.6

中国版本图书馆CIP数据核字(2021)第174283号

阮章竞研究
RUAN ZHANGJING YANJIU

策划编辑	赵　晖
责任编辑	樊　颖　辛小雪
装帧设计	黄　尧
责任印制	陈爱华
出版发行	西苑出版社 XIYUAN PUBLISHING HOUSE
地　　址	北京市朝阳区和平街11区37号楼　邮政编码：100013
电　　话	010-88636419
印　　刷	三河市嘉科万达彩色印刷有限公司
开　　本	710mm×1000mm　1/16
字　　数	187千字
印　　张	11.5
版　　次	2021年10月第1版
印　　次	2021年10月第1次印刷
书　　号	ISBN 978-7-5151-0810-0
定　　价	59.80元

（图书如有缺漏页、错页、残破等质量问题，请与出版社联系）

目　录

第一章　诗歌创作论

第二章　其他创作论

第三章 现状与可能

第一章

诗歌创作论

叙事诗论

阮章竞是我国现当代文学史上的重要诗人，其诗歌创作数量大，涉及多个门类，在具体研究过程中很难放在一起进行总体式的描述。在此前提下，本文主要围绕其叙事诗创作展开论述，是一次有针对性的尝试。

叙事诗是阮章竞诗歌创作中取得突出成就的一种形式。闻名于世、奠定阮章竞文学史地位的《漳河水》便是一首叙事诗。结合已有的研究特别是诗集中的类型划分，阮章竞的叙事诗主要包括《圈套》《漳河水》《金色的海螺》《白云鄂博交响诗》四部代表作[①]，此外还包括《柳叶儿青青》《草原风雪》以及《漫漫幽林路》《边关明月胡杨泪》等一些篇幅较长的作品[②]。阅读这些作品，不仅可以了解阮章竞的文学之路，还可以总结其在叙事诗创作上取得的宝贵经验。

---

① 关于这种提法，本文主要参考了刘守华的《艰难的探索——论阮章竞的叙事诗》，《长江学术》，2007 年第 2 期。

② 余下的作品划分，主要结合《阮章竞诗选》中的归类，具体见诗选“目录”，第 5 页，北京：人民文学出版社，1985 年版；再者就是《漫漫幽林路》诗集勒口之“内容提要”。

一、从“歌”与“曲”入诗开始

如果按照时间顺序，阮章竞的叙事诗可从写于1943年3月的《柳叶儿青青》谈起，而后是《圈套》（1947）和名篇《漳河水》（1949），再之后则是他写于新中国成立后的《金色的海螺》（1955）、《白云鄂博交响诗》（1960），以及创作于20世纪80年代末期的《漫漫幽林路》（1988）、《边关明月胡杨泪》（1988），如此长的创作跨度必然会涉及一种“历史的叙述”和相应的逻辑起点。为此，从“歌”与“曲”改编的角度介入阮章竞的叙事诗，不失为一种有效的讲述方式。

回顾阮章竞的创作历史，尽管他在1935年春夏时期漂泊上海时就开始了创作生涯，但有意从事职业创作显然是在参加革命工作之后。1938年4月，“会搞文艺”的阮章竞被调至刚在晋城组建的第十八集团军第八路军晋冀豫边区太行山剧团（简称太行山剧团），任指导员，生活上“揭开了新的一页”①。是年夏，因为工作需要，阮章竞“开始学写剧本”②。抗日战争时期是阮章竞“写作最勤，作品最多的时期”③。怀着高昂的革命激情和创作热情，阮章竞不仅编写了大量的剧作，还尝试了多样的艺术手法。比如，在1938年10月创作的三幕话剧《保卫抗日根据地》中，阮章竞就第一次采用了当地民歌《卖扁食》的曲调，填了一首《秋风曲》，获得成功，这是诗人保存下来的一首诗。“这次尝试的初步成功，使阮章竞开始对民歌发生了兴趣。”④又如，在1940年9月于清漳河畔创作的短诗《牧羊儿》，则是话剧《和尚岭》的一个插曲，至于《柳叶儿青青》，本就是一首适合演唱的长诗，它在后来被相继改编为歌剧和街头秧歌剧《比赛》，更证明了阮章竞的叙事诗与“曲”和“歌”甚至是“剧”之间的“同源关系”。

叙事诗与“曲”和“歌”之间的自由融合与转换，就结果来看是共同丰富了两种文体创作。当然，作为一个发展过程，从编剧逐渐走上诗歌道路也自有其相

---

① 刘增杰：《漫长的诗歌之旅——阮章竞访谈录》，刘增杰、王文金：《迟到的探询》，郑州：河南大学出版社，1996年版，第18页。值得指出的是，从1938年入太行山剧团、开始剧创作至1947年2月完成叙事诗《圈套》，阮章竞创作基本使用笔名“洪荒”，见《阮章竞评传》，后一并收入《迟到的探询》，第207页。

② 阮章竞：《漫忆咿呀学语时——谈谈我怎样学习民歌写〈漳河水〉》，《文艺研究》，1982年第2期。

③ 阮章竞：《阮章竞诗选》，北京：人民文学出版社，1985年版，“序”第3页。

④ 《阮章竞评传》，刘增杰、王文金：《迟到的探询》，郑州：河南大学出版社，1996年版，第205页。

应的历史：在太行山剧团演出过程中，阮章竞同意演出的《上前线》和由其编导的《和尚岭》（两部剧演出的时间分别为 1938 年 1 月和 1940 年春，后均已遗失）等剧因“政治不强”被下令停演[①]，在很大程度上挫伤了写作者的积极性，阮章竞的创作由此从戏剧转向了诗歌[②]。但作为一种传承，“曲”与“歌”甚至是“剧”经验被保留了下来，并在相当长的时间里影响着阮章竞的诗歌创作。

正如一些研究者在文章中指出的：“在阮章竞从编剧走向诗人的创作道路上，《柳叶儿青青》这首叙事诗的创作过程尤其值得关注。”[③]《柳叶儿青青》作为阮章竞现存下来最早的叙事诗，从其整理过程中就可以看到一些特别之处。1963 年阮章竞曾两次回太行山，“好不容易才从一些同时代的老同志那里，找到几个残缺不全的油印本子和哼哼回忆起来的小演唱”。根据这些资料，阮章竞不仅整理出《秋风曲》《民兵之歌》《姜四娘》，还整理出了《柳叶儿青青》。“《柳叶儿青青》是 1943 年春以诗剧形式试写的一首演唱长诗，随后改编成小歌剧，更名《比赛》演出。这次我找到了 1944 年太行韬奋书店出版的这个小剧本。现在的《柳叶儿青青》就是根据一些上述的资料和参考《比赛》小剧本复原的。”[④]叙事诗《柳叶儿青青》和歌剧、秧歌剧《比赛》是一个“底本”、多次创作，并可以在多年之后从“由诗到剧”还原为“由剧到诗”，恰恰说明二者之间可以融会贯通，具有不可分离的共性。

与《柳叶儿青青》相比，叙事诗《圈套》同样有着不可忽视的意义。首先，《圈套》是阮章竞使用民歌体创作的“第一首长诗”。对于《圈套》的体裁，诗人曾自注为“俚歌故事”。“俚歌”作为一个专有名词，本指福建莆田、仙游一带的以竹筒鼓和竹片伴奏的叙事体民间曲艺，其源头是宋代南戏。阮章竞“俚歌故事”中的“俚歌”泛指通俗歌谣，而“俚歌故事”也就是民间叙事歌谣。《圈套》最初发表于《文艺杂志》（太行）1947 年第 3 卷第 1 期，由于其“通俗易懂，故

---

① 阮章竞：《风雨太行山——太行山剧团团史》，《新文学史料》，1998 年第 2 期。具体经过还可参见阮章竞口述，方铭、贾柯夫记录、整理：《异乡岁月——阮章竞回忆录》，北京：文化艺术出版社，2014 年版，第 72—73、114—115 页。

② 陈培浩、阮援朝：《阮章竞评传》，桂林：漓江出版社，2013 年版，第 64 页。

③ 曹亚明、阮援朝：《论阮章竞文学创作对战争记忆和民间叙事的坚守》，《汕头大学学报》，2018 年第 2 期。

④ 阮章竞：《阮章竞诗选》，北京：人民文学出版社，1985 年版，“序”第 4 页。

事情节完整，发表后很受群众欢迎，特别是劳动妇女，很爱听这首诗”[①]。其次，从《圈套》开始，诗人开始使用“阮章競”[②]一名，这种被后来研究者称之为“似乎要告别‘洪荒时代’”[③]的做法，与阮章竞真正步入诗歌创作的历程是一致的。及至《漳河水》，阮章竞在民歌体诗歌创作上更加纯熟。《漳河水》是阮章竞重返太行之作，在这部作品中，诗人因听到当地妇女生产互助组歌唱自己翻身的歌谣，有感而发，在找人口述、记录下片段歌儿后，自己又模仿着编了些组织而成。“这些片片段段的歌儿，原无题名，也无章段和小题。因故事发生在漳河两岸，民间歌谣中常用头一句做题名的，故名‘漳河水’”。同时，由于这首诗是由当地许多民间歌谣凑成的，如“开花调”“刮野鬼”“梧桐树”“绣荷包”“打寒蛩”“大将”“一铺滩滩杨树根”，还有好多失名的，故在当地牧童启发下，把这许多曲调总名叫“漳河小曲”[④]。

从“歌”与“曲”到叙事诗，阮章竞经历了几乎所有现代诗人都未曾有过的创作转换。如果说剧作受挫预示着阮章竞诗歌道路的开始，那么，如何获取更好的宣传效果、写出广大群众易于接受同时又乐于接受的作品，即为中国老百姓所喜闻乐见的“中国作风和中国气派”，更是阮章竞自觉追求的创作方向。这一思路，在他于 1943 年春从报纸上学习到毛泽东《在延安文艺座谈会上的讲话》的主要精神后，得到了进一步的升华。“他结合自己的创作体会，真正认识到了民歌的价值，自觉地向民歌形式‘靠拢’”[⑤]，与此同时，他也清楚地看到，经历连年的战乱，群众的文化水平和可以拥有的文化物质条件都是有限的。“能直接看书的读者面是很小的。朗诵，群众不习惯，能唱的诗，倒是影响较快较广。”[⑥]正是在这样的背景下，

---

① 刘增杰：《漫长的诗歌之旅——阮章竞访谈录》，刘增杰、王文金：《迟到的探询》，郑州：河南大学出版社，1996 年版，第 22 页。

② 关于诗人的名字有时写作“阮章竞”，有时写作“阮章競”，笔者曾于 2020 年 9 月 18 日电话问询《阮章竞评传》的作者之一陈培浩，他回答本名应为“阮章竞”，但老诗人喜欢用“竞”的繁体“競”，故此在作品中常用“阮章競”。本书考虑行文的实际情况，一律使用“竞”。在书后“附录 阮章竞文学活动简谱”中，将查到的诗人使用“競”的情况注明。

③ 《阮章竞评传》，刘增杰、王文金：《迟到的探询》，郑州：河南大学出版社，1996 年版，第 207 页。

④ 关于《漳河水》创作经历，本文依据《漳河水》“小序”（写于 1949 年除夕），阮章竞：《漳河水》，北京：人民文学出版社，1958 年版，第 44—45 页。

⑤ 《阮章竞评传》，刘增杰、王文金：《迟到的探询》，郑州：河南大学出版社，1996 年版，第 208 页。

⑥ 阮章竞：《阮章竞诗选》，北京：人民文学出版社，1985 年版，“序”第 3 页。

阮章竞汲取民歌资源，相继写出了《柳叶儿青青》《圈套》《漳河水》等作品。他的诗歌之路有着十分显著的发展轨迹，同时也符合其自身的成长过程，是以，脱离具体的时代语境，是无法解释清楚阮章竞从“歌”与“曲”到“诗”的不凡之旅的。

二、与时代“对话”：从“地域性”到“故事性”

既然民歌与谣曲成就了阮章竞的叙事诗，那么由此而得的自然是叙事诗本身具有的地域性与民间性的特质，这种通过语言、形式和叙述而呈现的诗歌特点，同样也会波及诗歌所要表达的故事本身。

从地域的角度总括阮章竞的叙事诗，其作品基本上都属于北方故事。自1937年北上、奔赴太行山抗日根据地，阮章竞一直辗转于北方并在此扎下生活之根。从抗日战争到解放战争，他在太行山生活了12个年头。在这12年里，他经历过战火和生死的考验，逐渐成长为革命文艺战士，实现了人生的重大转折，他将太行山比作自己的“第二故乡”[①]，所写作品《柳叶儿青青》《圈套》《漳河水》具有浓郁的太行地方色彩。1956年冬至1959年年末，阮章竞一直在包钢工作，感受塞外风情、熟悉钢铁工业生活，在此基础上，他能够历经两年时间，“断断续续”创作完成《白云鄂博交响诗》也并不让人感到意外[②]。不过，如果仅从诗人在不同环境生活过就得出其诗歌具有地域性的特征未免过于表面化。结合阮章竞的创作道路，观其对文学创作的理解，我们不难看出他的创作十分强调生活的真实和由此获得的真实感受。正如诗人晚年总结自己的创作思想时所讲到的，“为了写好去新疆的诗”，70岁的阮章竞不顾朋友们的劝告，坚持攀登昆仑山，“没有实地考察，没有真实感受，怎么会写出来好的作品呢？”[③]可以说，这位从战火硝烟中走出来的文艺战士，始终将源于现实、取材于生活作为自己文学创作的最高准则。他从不向壁虚构，始终强调真实的生活体验，人物和故事均有自己了

---

① 阮章竞：《漳河水》，北京：人民文学出版社，1958年版，第44页。

② 《白云鄂博交响诗》，最初发表于《人民文学》1960年第9期。据诗末时间标注时间为“一九五八年十二月——一九六〇年五月，断断续续写成的初稿”，可知其历时两年。

③ 刘增杰：《漫长的诗歌之旅——阮章竞访谈录》，刘增杰、王文金：《迟到的探询》，郑州：河南大学出版社，1996年版，第22—23页。

解到的“底本”和“原型”，进而使其作品和现实生活密切地关联在一起。与生活真实相一致的，是诗人在面向读者时始终追求的一种艺术的真实。为了能够让广大群众接受和喜爱，阮章竞在获取创作题材时坚持深入群众、熟悉生活，在源于生活的过程中高于生活。他终生履行文艺为大众服务的思想，强调歌颂人民群众是诗人的职责，这必然又强化了其作品的现实性和接受层面上的喜闻乐见，“诗不能离开时代，不能离开人民。写诗的时候，不是自己在伸手问天，而应看见人民，他们在如何生活，想什么问题，想说什么话。我不管写什么诗，不管写得怎么样，总是多往这方面想”①。在此前提下，阮章竞叙事诗呈现出的鲜明的地域风格，正是其思想观念、创作方式与当时所处时代生活环境反复对话的结果。

为了能够使作品的语言贴近当地百姓的阅读习惯，阮章竞在太行山工作期间曾用笔记录下大量方言、歇后语等生动活泼的群众语言，并由此养成了一辈子学习积累的习惯，成就了他文学语言的风格②。他曾在后来一篇回忆性文字中指出：“我是南方人，初到北方时，普通话说得很糟。听懂偏远山区的语言，并且使之用于写作，是花了很大的气力去学习和积累的。《漳河水》诗中的语言，除少量直接从民歌中抄录外，绝大多数是从群众的语言中取得原料加工提炼的。我只是利用了当地民歌的情调色彩，来反映太行山妇女群众的悲愁欢乐。”③为了能够更好地进行写作，适应当地群众的阅读习惯，阮章竞以不断学习的方式改变了自己固有的语言习惯（阮章竞自幼讲隆都话，是一种从闽南语演化而来方言④），在交流和创作上融入太行地区的方言并达到娴熟的地步，这种为克服语言障碍而付出的巨大努力，自然也强化了其作品的地域性。不仅如此，这种以“外来者”的身份学习本地方言的特殊经历，也在相当程度上使其在具体运用的过程中可以破除习惯的限制，而更加自由开放、灵活多变地表达。

---

① 阮章竞：《漫忆咿呀学语时——谈谈我怎样学习民歌写〈漳河水〉》，《文艺研究》，1982年第2期。

② 见阮援朝编《阮章竞太行山笔记手稿四种》（上下两册，中华书局，2017年版），该“笔记手稿四种”具体包括《民间语言记录》《乡间记事》《土改纪事录》《重回太行山笔记》，从1945年至1963年，跨度近20载。通过阅读这些笔记手稿，结合阮援朝为每部分所写的说明，不仅能看到阮章竞当年学习和积累的经过，还可以看到其学习积累与创作之间的关系。

③ 阮章竞：《漫忆咿呀学语时——谈谈我怎样学习民歌写〈漳河水〉》，《文艺研究》，1982年第2期。

④ 阮援朝：《民间语言记录》，阮援朝编：《阮章竞太行山笔记手稿四种》（上），北京：中华书局，2017年版，第3页。

无论怎样强调阮章竞叙事诗从不同方面表现出来的特质，其核心都最终要落实到故事及其讲述之上。“一定要有故事性，没有就不成为文艺作品。同时故事要安排得合理得当。大概这就叫‘结构’。”[①]出自阮章竞《我怎样学习写作》中的这段话，尤其适用于他的叙事诗创作。“故事性”不仅要求作品要有故事，还在客观上决定了作品必须有一套讲述故事的方法，从而在更深的层次挖掘作品“故事性”的生成机制，那么，这个“故事”显然应当是符合特定时代精神、符合相应的政治文化标准检验后才能最终和读者见面。“中国的文学艺术革命、诗歌革命，在《在延安文艺座谈会上的讲话》前后有重大的变动，那就是叙事的成分加多、加强。……诗一般来说不擅长叙事，但是革命成果要求叙事，要求讲故事。因为革命要求我们把革命的故事讲透，把革命故事里的人物树起来，革命文艺的要求是这样的。”[②]不了解阮章竞创作叙事诗及20世纪20年代、40年代一批有代表性的叙事诗出现的文化背景，人们是很难真正理解阮章竞叙事诗的讲述方式以及故事所要表达的主题思想和人物形象的，同时也很难深度把握其叙事诗相应于“时代”的艺术性和典型性。如果说《柳叶儿青青》是通过懒汉大东子从一开始好吃懒做、不愿参加大生产运动，到经过思想的转变，下决心改掉以往的坏毛病，和老婆、孩子比赛，好好干活、争做劳动英雄，来鼓励大生产，承载的是解放区“旧人变新人”的故事。那么，在《圈套》中，诗人要表现的旨在揭露地主阶级反扑的“故事”则更加曲折复杂：黄河边上槐树台村财主“阎王”杨道怀以及狗腿子“催命小鬼”王玉枝、“马面判官”杨金带，为了实现“变天”的美梦，不断给农会主席李万开制造陷阱、设置圈套，最后，通过英娥娘报信、区长及时来村，才识破阴谋、揪出幕后黑手。《圈套》呈现了阮章竞对于现实生活中新“故事”、新主题的捕捉。与以上两个“故事”相比，备受赞誉的《漳河水》通过多个人物形象的塑造，书写了一首妇女解放的颂歌；写于当代的《金色的海螺》是一个美丽的爱情故事（其独特的现实性会在后面另一篇文章中单独介绍）；《白云鄂博交响诗》将古老的神话传说和蒙古族人民几代人保卫建设草原的斗争结合起来，展现了我国钢铁基地建设过程中人民团结一心、波澜壮阔的画卷；《漫漫幽林路》

---

① 阮章竞：《我怎样学习写作》，《文汇报》，1951年11月26—28日连载。

② 谢冕：《〈漳河水〉的写作与艺术风格》，《中国现代文学研究丛刊》，2014年第8期。

《边关明月胡杨泪》则是通过坎坷的经历和反思历史再度揭示了女性命运的问题。

纵观阮章竞叙事诗的写作道路，从早年配合革命斗争及时地书写现实生活，到后来越来越意识到人物是故事的灵魂，不断拓展叙事的厚度与广度，诗人已在实践中逐渐形成自己的叙事原则，而逐步摆脱叙事诗中的非叙事成分，让其真正具有“故事性”，这充分表达了阮章竞在叙事诗上的艺术自觉。在此前提下，我们要关注的不仅是故事本身，还有其具体讲述时运用的艺术手法。

三、多样化的艺术手法

为了能够更为全面、具体地呈现阮章竞叙事诗的艺术手法，我们拟从以下四个主要方面介入，并在具体展开时以多层次、多维度的方式进行论说。

其一，是对民歌、戏曲及传统文学资源的借鉴、融合和化为我用。这一点在阮章竞的叙事诗特别是前三部的《柳叶儿青青》《圈套》《漳河水》中表现得尤为突出。阮章竞在创作中融入民歌手法虽早已成为文学史的定论，但民歌所包含的内容何其多样。为此，如何恰当地使用就成了一个问题——

> 我很早就试用小曲填词。但我有意识地自觉地大胆使用民歌形式，是始于头一首叙事诗《圈套》。《漳河水》的民歌曲调，在创作《赤叶河》时，已大量使用了。这部歌剧最初演出的音乐几乎全是太行山民歌曲调。太行山的民歌曲牌、词曲结构，同山西其他地区的民歌山曲，绝大多数相同或大同小异，也有完全不相同的。这些民歌字数，有三七言、七七言两句式，有五言或七言四句式；也有字数参差的长短句或杂言诗式。但更多的是七言两句式的。我写《漳河水》时，选择的几种最适合表达主题思想、人物感情的民歌结构，基本上是三七言式、七七言式、七七五言式和七言四句式。这些结构形式，多是两句一韵和四句一韵，韵母要求比较自由宽广，近似则可，很便利于变化。七七言两句式的曲牌非常之多，如《平调》《太平调》《开花》《对花》《摇三摆》《刮野鬼》等，是最常见的。[①]

① 阮章竞：《漫忆咿呀学语时——谈谈我怎样学习民歌写〈漳河水〉》，《文艺研究》，1982年第2期。

出于阮章竞《漫忆咿呀学语时——谈谈我怎样学习民歌写〈漳河水〉》中的这段话表明，诗人不仅熟悉大量流传于太行山的民歌曲牌、词曲结构，而且还能围绕主题恰当地选用。显然，为了能够实现完整和谐地书写，诗人需要通过变化、改编以保持一种统一的格调。这其实对诗人的创作能力和艺术水准提出了很高的要求，因为此时既要借助民歌的多样性和灵活性，同时又不能给人以拼凑之感。

为了能够更好地表现诗歌的内容，阮章竞的叙事诗在汲取民歌营养的同时，也不忘借鉴传统文化资源如古典诗词、传统戏曲、民间说唱文学的养分。在《漳河水》中，“往日”“解放”“长青树”三部分每部开头都有首“部首诗”（可以理解为音乐的序曲），在全诗结束时，也同样有首“终曲”“这是从乐府诗、古典诗中，从声乐曲和器乐曲中取得的启示”①，这便是诗人借鉴传统文化资源的明证。同样，也正因为如此，茅盾在读过《漳河水》之后才会得出“《漳河水》有曲牌，能唱”②的结论；艾青在读后认为“有词的味道”③。在运用民歌体写作的过程中，阮章竞叙事诗最突出之处是使用了比兴手法。这种从《诗经》中诞生的传统表现手法既能够增强诗歌的形象性和艺术性，同时也符合中国老百姓的阅读习惯，同样可作为阮章竞汲取民歌、古典诗词等资源并因地制宜、有效使用的一个方面。

其二，追求语言丰富的表现力，反复锤炼。阮章竞的叙事诗在汲取民歌和古典诗词养分的同时，既吸收了民歌的清新自然，同时又十分注意古典诗词的“简炼典雅的句法”，语言含蓄精炼。同时，他还利用自己童年喜欢绘画、青年时期投身抗日救亡歌咏活动的优势，在诗中常常融进音乐和绘画的元素——“绘画、音乐、戏剧，和诗歌是相通的。20多年来我在绘画、音乐和戏剧方面的追求，对形成我的诗作的艺术风格是非常重要的”④——丰富诗歌的表现力。《漳河水》

---

① 阮章竞：《漫忆咿呀学语时——谈谈我怎样学习民歌写〈漳河水〉》，《文艺研究》，1982年第2期。

② 阮章竞口述，方铭、贾柯夫记录、整理：《异乡岁月——阮章竞回忆录》，北京：文化艺术出版社，2014年版，第189页。

③ 刘增杰：《漫长的诗歌之旅——阮章竞访谈录》，刘增杰、王文金：《迟到的探询》，郑州：河南大学出版社，1996年版，第20页。

④ 刘增杰：《漫长的诗歌之旅——阮章竞访谈录》，刘增杰、王文金：《迟到的探询》，郑州：河南大学出版社，1996年版，第21页。

开篇处的《漳河小曲》便充分展示了诗人在这方面的特点——

漳河水，九十九道湾，
层层树，重重山，
层层绿树重重雾，
重重高山云断路。

清晨天，云霞红红艳，
艳艳红天掉在河里面，
漳水染成桃花片，
唱一道小曲过漳河沿。

在追求语言表现力的同时，阮章竞对于诗歌的字、句反复锤炼，甚至可以说是达到了苛责的地步。他的诗是真正意义上的“锤诗”：“我的经验，写诗要把墨池当炉火，在这炉火里，首先要炼意，再要炼字，再要炼句。”[①]从字到句，他讲求炼、磨、锤，一丝不苟。正因为如此，他的诗才能突破诗歌不擅长叙事的壁垒，在集叙事、写景、抒情于一体的同时，生动活泼、富于艺术的感染力，在阅读之余很少给人留下枯燥、拖沓之感。

其三，讲求结构的完整多变，精心刻画人物形象。阮章竞的叙事诗符合中国故事的讲述模式，在时间上追求线性发展、有头有尾。但在具体叙述形式上，为了避免多次重复，则力求情节安排巧妙灵活、疏密相间。以《漳河水》为例：在整体上，有“往日”“解放”“长青树”三部分，每部分前面都有“部首诗”，即第一部分的《漳河小曲》、第二部分的《自由歌》、第三部分的《漳河谣》，结尾有《牧羊小曲》，使整首诗结构完整、首尾照应。具体至每一部分，诗人的设计也极具匠心。代表解放区的第一部分“往日”，三个姑娘荷荷、苓苓、紫金英围聚在漳河沿边，互诉自己的不幸遭遇并以哭诉相互补充，既集中揭示了诗歌主题，又避免分而叙之造成的冗长与分散。第二部分“解放”分述三个姑娘的故事，

① 阮章竞：《漫忆咿呀学语时——谈谈我怎样学习民歌写〈漳河水〉》，《文艺研究》，1982年第2期。

三线发展。对于荷荷，正面落笔，写其如何在斗争中获得幸福并成为生产小组的领导人；对于苓苓，先侧面着笔，带出她的丈夫“二老怪”和一场风波，进而写出“夜里训练班”；对于紫金英，则凸显其在旧社会受尽苦难、在新社会到来时缺乏勇气挣脱枷锁的情感变化，在姐妹的鼓励下，她逐步走向新生。第三部分“长青树”，集中写在大家的教育下，满脑子旧思想的“二老怪”的转变，预示着妇女解放的日子真正来临。从旧社会到新社会，妇女的悲惨故事何止千万，其思想转变、翻身做主恐也非一帆风顺而多有曲折，但诗人却以这样总分式的结构集中讲述了这段不平凡的故事，整首诗富于浓郁的生活气息，洋溢着时代精神，这不能不归功于结构形式的精心设计。

与结构相比，诗人在刻画人物时注意对性格的凸显、精神的开掘。首先，诗人总是通过语言描写和动作描写来表现人物。在《漳河水》第二部“解放”中，阮章竞在描写苓苓和传统封建、有大男子主义作风的“二老怪”的对话时，相继用了“抿嘴微微笑”“回答慢吞吞”“嗤嗤两声钻进被窝，露出半个头来轻轻说”等动作描写，这些动作及相应的语言内容揭示了苓苓聪明机智、善于处理矛盾的性格特点。其他如荷荷的泼辣、勇敢、干练；紫金英的软弱、自卑，都是通过诗人多角度的描写展现的。其次，成功融入了心理描写。在第二部“解放”中，描写苓苓，初写“二老怪”时，诗人就运用了心理描写，反复强调苓苓的进步行为在他看来是坏了规矩，“三想打破了他老规程”，而“二老怪”的封建大男子主义思想也由此表现出来。再如嫁给个“痨病鬼”的紫金英，男人死后带着娃，寡妇门前是非多；之后她又曾与一个二流子厮混，但在姐妹的帮助下，她最终走向了新生。为了细腻刻画她的形象，阮章竞就多次使用心理描写，而这种手法也确然适用于表现紫金英曲折的内心。

其四，调动恰当的艺术手法，丰富故事的表现力。除上述提到的手法外，阮章竞还多在叙事诗中使用对比手法，进而与故事的多线条讲述和时代、人物的“新/旧”转变相呼应。还有顺应比兴手法，即利用环境描写、衬托人物形象和故事氛围。谈及环境描写、渲染气氛，不能不讲到《白云鄂博交响诗》。这个以塞外为地域背景的故事，有明显的时代痕迹，因此开篇的环境描写粗犷雄浑，具有典型的北方草原风格。这种描写既适合表现人物形象，也极易和作品的主旋律结合在一起，使诗歌充满了力量美。

以上几方面特点虽在归纳总结时分出若干层次，但在实际应用过程中，它们往往是结合在一起的。因为采用了多样化的艺术手法，阮章竞的叙事诗自是取得了突出的成就，并在多年之后仍会获得“将人物多重对照以及总分结合的戏剧模式融合进去，则显然是阮章竞本人的贡献”[①]的评价。客观地看，在多种手法的共同作用下，阮章竞的创作确实在许多方面实现了对传统叙事诗的超越。不仅如此，作为一种经验与资源，这些取得突出成绩的实践还会以历史化的方式闪现于之后的创作中，阮章竞于20世纪90年代出版的《漫漫幽林路》正是在继承上述经验后完成的又一部力作，而其注入某些新的艺术元素则可作为诗人叙事诗创作道路上的扬弃与拓展！

四、叙事之再思

尽管阮章竞的叙事诗在总体上取得了非凡的成就，但就其发展道路而言，却并非一帆风顺。从已有的评价阮章竞叙事诗创作的文章特别是诗人自述性文字中可以看到，围绕某些具体的作品曾产生不同程度的争议，而回顾这些争议，不仅有助于深化对阮章竞叙事诗的认识，而且也会为现代叙事诗的创作提供某些有益的经验。

在《漳河水》正文前的“小序”中，阮章竞曾写道：“写《圈套》用了‘俚歌故事’四个字，曾引起个别同志的不同意，这回如果名不正，就更言不顺了。”这个“不同意”涉及的是诗与歌以及剧之间的不同理解。在后来发表的、写于1963年1月给刘守华的信中，我们则能读出当时诗人许多不为人知的看法——

> 《圈套》是“俚歌故事”不是诗。当时在农村，特别是妇女喜听，就算愿望与效果统一了。近年来，有些论者感到它缺抒情，我从不计较。……丁力同志的评述是以真的诗来要求，那是他的看法，他的毛病是文人式的，忽视了革命斗争的情况，也未看清故事中的情节。这本来不是“诗”，开宗明义不想登大雅之堂。

① 陈培浩、阮援朝：《阮章竞评传》，桂林：漓江出版社，2013年版，第89页。

《漳河水》，说得过多了。同样它不算诗，小序中早已公开宣告是小曲。[①]

阮章竞所言的丁力的评述，当指后者发表于1959年第2期的《谈阮章竞的叙事诗》，在这篇文章中，丁力写有“这首长诗在艺术上还不够成熟，它的缺点是：一、单纯叙说故事，没有什么抒情。叙事诗虽然也允许单纯叙事，也有单纯叙事而叙得很好的，但我总觉得叙事的长诗，最好能带有抒情成分，能催动读者的感情，激起共鸣。如果单纯叙说故事，不带一点抒情味道，就会干巴巴的，难以见佳。二、在语言运用上，还嫌有些粗糙，没有经过很好的提炼和加工，好像顺口溜出来的，有的是诗，有的就不一定是诗了，因此，有些地方显得不够精美，诗意不浓。这两个缺点，在诗人以后的叙事长诗中，得到克服”[②]。此外，在给刘守华的信中，阮章竞还提到《白云鄂博交响诗》“惹下麻烦”[③]；而在刘守华的评论文章中，则指出，“这部长诗曾引起广泛的争议，也是阮章竞在叙事诗创作上最为艰苦的一次探索”，至于为何“争议”、如何“艰苦”，从刘守华的文章中大略可以看到一些原因，诗篇“在豪壮表层之下显得内容贫弱无力”、有些人物“站立不起来”“诗句也有缺乏锤炼的地方”，明显受“大跃进”时期诗风的影响[④]……这些看法与观点从侧面揭示了围绕阮章竞叙事诗的创作与评价，还有很多曲折的“故事”。

对照1985年出版的《阮章竞诗选》，将《圈套》《漳河水》列为叙事诗，我们不难读出诗人在信中的话有些意气成分，同时，从评论者的角度，坦言自己的观点、见仁见智，也属于批评的正常现象。是以，围绕阮章竞叙事诗而产生的争议，归根结底还是双方对于叙事诗本身、具体写作以及写作时代性理解存在某些差异。当然，从阮章竞叙事诗发展轨迹来看，围绕《圈套》是诗还是“俚歌故事”的不同看法还是促进了他的写作。《漳河水》声情并茂，集叙事、抒情、描写于一体，曾被舒乙评价为“现在纵观这个时期的作品，可以说阮章竞的《漳河水》是最好的一部”[⑤]。显然是对以往写作经验进行了总结才实现了艺术上的超越的。

---

① 阮章竞：《阮章竞与友人论诗的信》，《长江学术》，2007年第2期。

② 丁力：《谈阮章竞的叙事诗》，《诗刊》，1959年第2期。

③ 阮章竞：《阮章竞与友人论诗的信》，《长江学术》，2007年第2期。

④ 刘守华：《艰难的探索——论阮章竞的叙事诗》，《长江学术》，2007年第2期。

⑤ 舒乙：《为阮章竞先生叫好》，李容焕、余丛、阮援朝编：《永远的阮章竞》，广州：暨南大学出版社，2013年版，第14页。

结合一些研究者的看法，叙事诗的特征可归结为以下三点。

> 一、它要表现时间的长度和空间的变化，交代人物的行为和动作；二、它对“行为”的描述，总是与抒情紧密地结合在一起；三、它对“行为”的描述，总要受到诗歌节奏、韵律和意向性句法结构、修辞规则的制约。①

叙事诗作为诗歌的一种，可以抒情也应当抒情，但这一判断显然要建立在具体文本上并和对“抒情”理解的历史化紧紧结合在一起的。事实上，仅从抒情的角度去评价叙事诗这一种长于叙事的诗歌形式，肯定会使后者“暴露”出很多问题。而当我们判定《漳河水》是一部优秀之作的时候，它肯定也在整体上解决了叙事和抒情之间的“固有张力”并给读者带来了全方位的艺术美感。因此，叙事诗如何抒情、怎样抒情就不仅仅是一个写作的问题，还是一个理解的问题、评价的问题。

与叙事诗的抒情问题相比，围绕阮章竞《圈套》《漳河水》及至《白云鄂博交响诗》的评价，还涉及诗与民歌的问题。从中国诗歌发展历程来看，进入现代社会之后，传统的诗歌概念正不断遭至解构。“诗”与“歌”的分离并日益成为两个文类，其实是削弱了诗的音乐性并对现代诗创作提出了一道难题。在此前提下，诗与民歌之间虽然从不存在不可逾越的鸿沟，并且一直有许多有识之士期待从民歌中为现代诗找到更多的出路，并涌现了刘半农《扬鞭集》《瓦釜集》，以及李季《王贵与李香香》、贺敬之《回延安》《桂林山水歌》等耳熟能详的作品，但诗与民歌在进一步划分后毕竟已属于两个范畴——民歌可以当作诗，但毕竟不是诗；广义的诗可以包括民歌，但还有其他具体的形式。在现代出版和文字阅读成为现阶段以来文学最为重要的传播媒介和接受途径的背景下，两者之间的关系在某种程度上可以说是更加复杂了，因此，民歌如何入诗同样也是一个实践性的问题。

一面是20世纪40年代解放区的文化语境在客观上促进了民歌体叙事诗的诞生，造就了《漳河水》诗与民歌的结合；另一面是在文学创作风格渐渐趋同之余，涌现了这样优美的、温暖的作品，它“对内心世界的挖掘、与民生相关的温暖、

① 高永年：《中国叙事诗研究》，南京：江苏教育出版社，2002年版，“前言”第2页。

对小人物命运的关照，恰巧应是关于那个伟大时代的喜悦、激情、赞美与拥护中最具说服力的表达方式”[①]。脱离具体语境去评价《漳河水》一类作品的合理性和艺术性，无助于客观评价民歌入诗的问题，同时也不能更好地审视新诗的资源和形式问题。何况，从阮章竞后来的叙事诗以及系列诗作的创作情况可以看到，民歌的元素虽不时闪烁其间，但已不再是主要表现方式，“民歌体也不是写什么都是合适的。从我的实践看，写现代工业，写政治诗，我不得不另辟蹊径，探索古典诗与民歌结合的道路，往新诗民族化的方向做番尝试。适应反映现代生活，新诗仍然是主要的，但它应该民族化”[②]。这说明相对于个体而言，民歌入诗也是一个辩证的问题，需要客观、公正地看待。

总之，叙事诗在阮章竞整体创作中占有重要的地位。通过它，阮章竞既为现代叙事诗创作奉献了经典之作、拓展了叙事诗的表现空间，又积累了宝贵的创作经验。而重审其叙事诗创作，不仅有助于我们全面认知阮章竞的文学道路，而且还有助于我们在获得启示的同时，推进现代叙事诗的发展。

---

① 阮波：《阮章竞的主流创作与个性抒写》，《广东社会科学》，2017 年第 4 期。

② 阮章竞：《漫忆咿呀学语时——谈谈我怎样学习民歌写〈漳河水〉》，《文艺研究》，1982 年第 2 期。

童话诗论

童话诗是现代诗的一个分支，同时又是故事诗的一种，因而可以放到叙事诗的范畴中加以讲述。作为诗歌创作的多面手，阮章竞在童话诗创作上同样取得了重大成就，只不过由于研究者主客观因素的限制[①]，其这方面的创作并未获得较为充分的认识，自然也就留下了很多空白点。

一、“童话世界”的诞生及其历史厚度

阮章竞一直保持着在诗后标注创作时间（有的还有地点）以及修改时间的好习惯，这有助于我们更为详尽地了解其创作过程。阮章竞的童话诗创作起笔于1955年。是年4月30日，他完成了《金色的海螺》；12月，他完成了《牛仔王》的初稿；在同一年，他还创作了《马猴祖先的故事》。三部童话诗皆写于1955年，自是有着特殊的原因——

① 这里所言的研究的主客观原因，既指童话诗及至儿童文学研究者本身人数少，同时也指相对于《漳河水》等诗歌创作，童话诗在阮章竞整体诗歌创作研究上占有的比重小。

> 一九五五年，共青团中央和全国妇联，要求文学工作者给孩子们多写文学读物。这个号召得到了诗人、作家的热烈响应。我能写些什么呢？自然而然勾起我对童年的回忆，想起自己曾经是个童话迷来。于是就想把小时候在芭蕉林里、大榕树下、木棉树旁听到的童话，选择一些比较有意义的，富有想象力的，充满童心稚气的，加以整理，给孩子们读。我曾经打算写五六个这样的童话。可是没想到写了两首长的童话诗和一个短的童话诗之后，再挤不出时间写了。[①]

始于时代对儿童文学的吁求，阮章竞的童话诗创作就生成而言，不同于一般意义上的怀旧之作和专业儿童文学作家之作，而是有着十分明确的目的性和现实关怀。

《金色的海螺》发表于《人民文学》1955 年第 11 月号，讲述了这样一个童话故事：一个勤劳善良的少年，日日到海边打鱼，从不贪睡偷懒。有一天他在海边救了一条红色小金鱼。后来几天他打鱼毫无收获，却多次网起一只金色的海螺。他本想将海螺放回大海，但反反复复还是那只稀奇的海螺。“海螺悄悄地爬到他手上”，少年“惊奇地发现它的美丽”。将海螺带回家后，他连续三天回家都会发现一桌子好吃的饭菜。为了探知究竟，他故意早回家偷看，却发现一位“一团五彩的光环”“罩着一个美丽的姑娘”，正为其操持家务。原来这位美丽的姑娘，正是少年救的金鱼所变，她是海神的女儿，如今化作一个名叫海螺的姑娘来报恩。就这样两个人幸福地过了三年，有一天海螺对少年说明了实情：为了报答少年的救命之恩，她偷跑到人间整整三年，水晶宫里已寻找她三整天，要再不回去，人间要遭水淹。在少年再三要求下，海螺告诉他把自己的金螺壳藏起来，然后去找自己的母亲海神娘娘求情，不要将他们分开。少年不顾危险，驾着小船三次冲进茫茫大海，恳求海神娘娘。海神娘娘相继许诺他财富、美女，还将海螺变老，用狂风巨浪阻拦、恐吓少年，但少年不为所动。最终他的坚持感动了海神娘娘，原来所有的艰难险阻都是对他爱情信念的考验。他赢得了海螺的爱情，两个人幸福地生活在一起，生儿育女……

《金色的海螺》发表后反响良好。1956 年 2 月，中国少年儿童出版社出版了

---

① 阮章竞：《写给孩子们的话》，《金色的海螺及其它》，北京：中国少年儿童出版社，1983 年版，第 1 页。

由米谷插图的单行本。“1958 年，苏联一诗人来信，想译成俄文，提到与普希金的《渔夫与金鱼的故事》相媲美。”[①]1963 年，《金色的海螺》由上海美术电影制片厂制作成剪纸动画片，该片于 1964 年在印尼获第三届亚非电影节卢蒙巴奖。1980 年 5 月，《金色的海螺》获第二次全国少年儿童文艺创作一等奖，此评奖作品对象为 1954—1979 年的儿童文学创作[②]。此后，这部童话诗还出过以其命名的多个单行本，如中国少年儿童出版社 1983 年出版的《金色的海螺及其它》、花山文艺出版社 1998 年出版的《金色的海螺》（“中国儿童文学名家精品文库”之一），此外，还包括 2017 年 12 月，在北京朝华出版社出版的汉西对照本，等等。

对于《金色的海螺》的写作过程与目的，诗人曾言——

> 原来的故事传说只到海螺化为人，成为伴侣而结束。我所加的后面，是见到当时和进城后，许多人贪新厌旧。故想通过少年的真诚，影响新的一代。我不保守，感情、趣味确实不合，离婚是正当的。但对爱情采取无所谓的思想，我不赞成。故诗中主要是真诚。

> 《海》诗，我完全是怀着一颗童心而写的，当时有人反对儿童诗讲童心。想象、语气、感情等等，都曾用对孩子讲故事的心情。在开头和末尾都能看到，突出纯真的友情与正直勇敢。全国解放后，换妻空气正浓，许多不定全是感情不和、性情不合，诸多是见异思迁，造成不少不应该出现的寡妇孤儿。《海》诗，包含了对此不满，许多人未看出。当然，的确合不来易妨碍工作，我主张拆伙。我用孩子的善良、希望的美好憧憬而写《海》诗。[③]

与《金色的海螺》相比，《牛仔王》也是一首篇幅较长的童话诗：自幼父母双亡的一个小孩被放牛的老公公收养，成了放牛的小牛娃。“大牛小牛都服他管”，

---

① 阮章竞：《阮章竞与友人论诗的信》，《长江学术》，2007 年第 2 期。

② 关于获奖信息，分别见于“百度百科”之“中国电影百年获奖史”和参见中国作家网（www.chinawriter.com.cn）2020 年 5 月 22 日刊登的《纪念第二次全国少年儿童文艺创作评奖四十周年》。

③ 以上两段引文，分别见于《阮章竞与友人论诗的信》“第五封信”与“第十封信”，《长江学术》，2007 年第 2 期。

人人都叫他牛仔王。牛仔王善良而勇敢，曾忍饥挨饿下水帮助姑娘水红菱捞回洗衣盆，赢得了真挚的友谊。土地爷由于牛仔王的不恭敬而到地主面前搬弄是非，想要整治牛仔王。牛仔王在江心小绿洲洲心得到了珠江母亲的一件宝——金芦苇，从此吹着芦管便能钻山入地，惩罚了土地爷。地主又到皇帝面前诬告牛仔王要造反，皇帝派来了大批人马，也没有办法打败牛仔王。最后利用牛仔王的骄傲自大，设下诡计，以比赛之名，将其骗到大山底一张“金交椅”上，想用长铁钉困死牛仔王。在水红菱的求助下，珠江母亲发大水救了牛仔王，大浪将土地爷、地主和将军一起吞了下去。童话诗《牛仔王》经整理后最初发表于1957年6月《作品》第6期上；1958年7月，《牛仔王》于中国少年儿童出版社出版单行本。1996年5月12日，阮章竞重新改写《牛仔王》，后收录于1998年3月出版的《金色的海螺》中。而其最初的目的，是采取阶级斗争的模式，突出农民和地主阶级之间的斗争。

《马猴祖先的故事》借用童话诗解释了马猴为何红屁股的原因：远古时期的马猴一年四季，光吃光玩，不爱劳动。它们常常偷吃老婆婆做好的粉果。老婆婆知道后设下一计，又做好了飘香的粉果，但锅台已被老婆婆用木炭烧得通红。马猴们来偷吃时，屁股粘在锅台上，不得不硬撕下皮毛逃命，这就是马猴世世代代都有一个红屁股的由来。《马猴祖先的故事》最初发表于《人民文学》1956年4月号；1962年12月，少年儿童出版社出版发行彩色配图拼音版连环画《马猴祖先的故事》（阮章竞著 严折西画），该版图文并茂、色彩明丽，适于阅读和学习，流传很广。

从20世纪80年代出版的童话诗合集如《金色的海螺及其它》《金色的海螺》收录的作品情况看，阮章竞一直对童话诗创作保持着热情，其作品范围的划定也因出版等原因有不同程度的变动。例如《金色的海螺》（1998）中就在收有《金色的海螺》《马猴祖先的故事》《牛仔王》的同时，还收录了《小姑娘与乌猿婆》《牧羊儿》《千古初开向日葵》《雪海风吹牧歌来》《鲤鱼母亲的歌》《天山雪溪》《两个阿依古丽》《啊，老师！》《我要学习》《坎坷风雨庐山松》等写于不同时期的作品，这些显然都可以作为阮章竞对我国童话诗做出的贡献。

二、童话诗的审美观及其艺术的世界

从阮章竞创作《金色的海螺》主旨，即“想通过少年的真诚，影响新的一代”“在开头和末尾都能看到，突出纯真的友情与正直勇敢”和“我原来就不着重于爱情”[①]，我们大致可以看到诗人在当时响应儿童文学创作的背景下，一直想以“真诚”“正直”和“勇敢”影响儿童，促进其茁壮成长。对于当时很多人喜新厌旧、见异思迁的特点，诗人都将其归结为“不真诚”。而在诗中，诗人也在海神娘娘几次试探后，借其口“赞扬这个真心的少年”：“你赢了，你赢了！赞美你的大胆和坚定，赞美你对海螺的真诚”，而后才是“你赢得了我女儿的爱情”。同样地，在《牛仔王》中，他也歌颂了牛仔王和水红菱真挚的友谊，突出了牛仔王在朋友的帮助下知错能改的品格，并最终获得胜利的故事。应当说，对于多年追随革命步伐、经历血与火考验的诗人，“真诚”“真实”和“真心”已成为其品格和对待世界人生态度的重要组成部分。他渴望真实，也期待真诚，也以此抓住了童话诗创作的本质。

不论对待工作，还是对待创作，阮章竞从来都是一个有责任感的人。正因为如此，他才十分重视儿童文学的教育作用——

> 因为今天的七岁到十岁、十岁到十七岁的儿童少年，就是明天二十一世纪各条战线的主力军。他们是国家未来命运的主宰者。儿童少年时期是可塑性很强的阶段，可以是这个样子，也可以再捏成另一个样子，这团塑质马上就会自然风干，再难改变。从整个教育来说，灵魂工程很大部分落在儿童文学作家的肩上。要倾注全部慈母心！我发现，后代到了十八九岁、二十岁以后，说服教育更费力气。
>
> ……
>
> 儿童文学家是要把自己的心灵世界袒露给儿童，影响儿童的。所以创作是件非常严肃的工作，不能掉以轻心。[②]

---

① 阮章竞：《阮章竞与友人论诗的信》，《长江学术》，2007 年第 2 期。

② 阮章竞：《与青年朋友讨论儿童文学》，《文艺报》，1986 年第 3 期。

而从创作主体角度上来说，以上观念也决定其对于儿童文学创作特殊性的理解和把握——

> 我认为，儿童文学是要考虑小读者年龄、心理、兴趣的。儿童从认得母亲的眼睛开始，就一直以纯真、好奇的眼光在观察世界。因此，对文学家创作的要求，不同于成人读物。
>
> ……我每为儿童写东西，一定会回到孩子年月里去。这时，我返老还童了。就是说，是把自己成人后的阅历，经过理性的思考，写出来交给现在的儿童。处处是用孩子的目光和心理在观察、分析现实世界。我常说这种情况是“返童”现象。
>
> 用孩子的心理、孩子的感情、孩子的语言，不用或少用大人话，不用或少用书面语。政治词语可用，但最好通过形象化。要考虑孩子的年龄使用文字。根据儿童的接受能力，从而逐步提高，使他们随着你的笔锋开拓视野，看到更远的远方。①

出于对童话诗的深刻理解，阮章竞的创作高度重视儿童的阅读特点和接受心理。他总是从儿童的角度考虑创作。“儿童文学，要有稚气，要生动，要有感染力，更要有风趣。反面就是死板、呆板。我写给孩子看的东西，虽然不多，但我每个东西都要先读给孩子听，从而观察他们的接受程度和反应。凡是孩子听了不笑，也不动情（如喜欢、同情或害怕），就是感到这个东西没有味道。孩子是最坦率的文学批评家。如果这样，你最好是重新写。让孩子先听听你的作品是很重要的。儿童是希望人生美满，希望有结果，有结果是对孩子希望、信心的回答和支持。特别对幼儿，我写东西没有不考虑这个问题的。”② 他的《金色的海螺》《牛仔王》《马猴祖先的故事》借用民间传统，符合小读者的阅读习惯，有头有尾、结局美好，或是幸福美满，或是寓乐于教，充分满足了儿童的阅读期待。

与强调童话诗作者应有的素养相比，阮章竞还充分注意到作品本身的美感。

---

① 阮章竞：《与青年朋友讨论儿童文学》，《文艺报》，1986 年第 3 期。

② 阮章竞：《与青年朋友讨论儿童文学》，《文艺报》，1986 年第 3 期。

"孩子热爱生活，爱看好看的东西，作品一定要写得美。既要单纯，也要色彩斑斓，但不要庞杂，像调色板那样，乱七八糟。作品既要像幅好看的图画，也要像一支好听的歌。儿童诗的音乐性很重要，儿童小说故事的回环性似乎也很必要。我写《金色的海螺》时充分考虑了这些因素。儿童短诗，明朗、清丽，不拖泥带水。有画，有音乐，都是不可少的。"[①] 以《金色的海螺》为例，其开头段借用儿时听到的童话讲故事，便亲切自然、天真稚气，有很强的代入感，容易吸引儿童进入这首诗的世界——

我记得是在芭蕉林里，
跟邻家婆婆学唱儿歌。
我学会一个又学一个，
天天都灌满两只耳朵。

这个金色海螺的童话，
现在还唱得一点不差。
如果问我那时候几岁，
反正很小还没有换牙。

在具体叙述过程中，他将故事分成四个主要部分，分别对应了四个相对独立的情节——少年搭救海螺；海螺化身报恩；少年与海螺许下誓约；少年三赴仙岛、通过考验，赢得祝福。四个情节结构紧凑，具有跳动的美感。加之在具体诗句书写过程中，诗人多用比喻、拟人等修辞手法，语言充满童趣且使用多种表达方式，既色彩斑斓、明丽，又注意韵律的和谐，是以，不论是诗歌本身，还是改编成动画片，《金色的海螺》都获得了巨大的成功，这绝非偶然。

总之，阮章竞的童话诗集真善美于一体，既追求童话诗的美感和艺术性，又强调童话诗对儿童潜移默化的教化作用。他在童话诗创作上为小读者们奉献一篇又一篇精品，得益于他对于儿童文学创作精髓的把握，同时也来自他对儿童接受

---

① 阮章竞：《与青年朋友讨论儿童文学》，《文艺报》，1986 年第 3 期。

心理的深刻理解。对于童话诗创作，他始终充满期待并保持着一颗真诚的童心，而这正是其为现代诗创作作出的另一个重大贡献。

三、经验的积累与意义价值

在1998年花山文艺出版社出版的《金色的海螺》中，附有一篇《〈牛仔王〉重写后记》。通过这篇文章，我们可以看到《牛仔王》在多年后重写的缘由——

> 《牛仔王》这首童话诗，是五十年代写的。1957年6月，发表于《作品》上，接着收进《木棉树下的童话》里。发表和出书之后，自己觉得写得不好，未尽自己心里所想的、要说的写出来，对不住小读者，总想找个时间把她重写。但我始终挤不出时间。这样《牛仔王》放在纸箱里睡了三十九年。……
>
> 今年4月初，忽然收花山出版社阎丽同志的一封信，想为我出一本童话诗集。……我不想使她失望，便翻箱倒柜，无意中找到了《牛仔王》，书中还夹着三十年前的改写提纲和头一页的改写稿。想到现在出书那么难，不赶快抓住这个良辰，再等何时呢？于是放下正在赶写的东西，决定改写《牛仔王》。现在的《牛仔王》是从4月18日到5月10日改写成的。①

因接受的时代性、艺术品位等客观因素，一个诗人在多年后“自悔少作”，重新修改自己的作品不乏其人，但结合阮章竞童话诗的创作历史看，这次改写却有更为深层的原因，此即为《牛仔王》初稿的生成颇有几分无奈。在后来阮章竞与友人的信中，我们可以读到如下一些事实：《金色的海螺》刊出后，“刘白羽、艾青、张天翼等同志是鼓励的，唯独李季同志摇头，说写得不好”。诗人的本意虽不着重于爱情，“但‘文化大革命’之前，就遭到一些不相识的同志，批判此诗立意爱情至上主义”。以至于《金色的海螺》虽在改编成动画片后在国外获奖，但在具体推广的过程中，部分人心里仍有一些担忧。“我不同意当时什么都要有阶级斗争。天下父母，不希望子女幸福的，不会太多。相反，都怕他们草率造下痛苦。

---

① 阮章竞：《〈牛仔王〉重写后记》，《金色的海螺》，石家庄：花山文艺出版社，1998年版，第145—146页。

中央广播电台朗诵录制时，编者提过将会遇到批评家的批评。我用上述的话说服了她，但许诺将写一个《牛仔王》，是用阶级斗争的那套模式。但未写好，结构也不紧凑，失败了。”①

且不说当时的批评是否真正理解了作者的原意，单说强调阶级斗争模式是否适应儿童也是一个值得商榷的问题。对于绝大多数儿童来说，童话诗所述故事的目的是让其在了解好坏善恶的同时受到启迪和潜移默化的教育，正因为如此，阶级斗争虽符合特定时代的政治标准，但并不能完全符合儿童的接受程度和儿童文学本身的创作标准。从阮章竞对《牛仔王》写作耿耿于怀中不难看出，他是一位有反思精神的作家，同时也是了解儿童文学创作的诗人。“人都常以为儿童文学比大人看的作品容易写，简单，浅显。我说不然。儿童文学难写，责任更重。深入浅出的东西本来就难写。没有童心的人，不要写儿童读物。儿童文学家，本身就是个大孩子或老孩子。”② 对比初版和修改版的《牛仔王》，我们首先可以看到修改版更适合儿童的阅读，语言更富于童趣——

天上有条银河，
人间有道珠江。
银河银光闪亮，
珠江更会放光。

水松绿得发翠，
荔枝红得像火。
晚上渔歌唱起，
牛仔王的歌儿。

——《牛仔王》（初版）

① 阮章竞：《阮章竞与友人论诗的信》，《长江学术》，2007 年第 2 期。
② 阮章竞：《与青年朋友讨论儿童文学》，《文艺报》，1986 年第 3 期。

天上有条银河，
人间有道珠江。
银河银光闪闪，
珠江闪闪发光。

水松树像翠色的龙，
木棉花像红色的球。
晚上渔火倒影，
像许多小金龙，
伴着渔歌的节奏，
娓娓在水里游呀游。

——《牛仔王》（修改版）

其次，增加了牛的祖先和土地之间的故事：牛的祖先原来住在天上，是大力神，国王听说牛的力气大，派土地上天去骗牛来到人间，牛与土地之间有世仇……这为牛仔王与土地之间的矛盾、土地陷害牛仔王埋下伏笔。最后，修改版《牛仔王》取消了初版将全诗分为 7 个部分、每部分用“1、2、3”式的数字标志，以及每四行为一节、每行多六字的形式，每节诗在行数上更加自由灵活，同时又融入一些歌谣化的语句，其口语化、讲故事的风格更贴近儿童的阅读经验。此外，修改版中，每当牛仔王吹奏的时候，诗人还加入一段五线乐谱，以增加真实感。通过改写，阮章竞淡化了原作“用阶级斗争模式来写”的成分，而是以一种实事求是的态度反思童话诗创作的经验得失，他通过自己的实践尊重了儿童文学创作的艺术规律，自然也使作品重获艺术的生机进而实现了他的理想：“古代的吴承恩创造了儿童喜欢的孙悟空，我早就希望有谁来创造一个为儿童孩子喜欢的、神通广大的现代孙悟空。”①

总而言之，阮章竞的童话诗虽诞生于 20 世纪 50 年代，有明显的时代痕迹和教育先行的特点，但他毕竟是一位熟悉儿童文学创作规律的诗人，因而尽管童话

① 阮章竞：《与青年朋友讨论儿童文学》，《文艺报》，1986 年第 3 期。

诗在其创作中数量不多，但成就巨大。他的《金色的海螺》至今还被作为童话诗的精品被多次再版，这充分证明了其创作的生命力。他是一位有责任感的童话诗作者，对儿童文学创作寄予深刻的希望并提出了自己的看法。因此，不论就创作经验还是具体创作来说，阮章竞都为现代童话诗创作作出了卓有成就的探索，而这些就足以值得我们珍视并研究了。

诗歌综论

从某种意义上说，以整体性描述的方式将阮章竞的诗歌创作放置到一篇文章中进行论说是困难的。作为一位跨越现当代文学的诗人，阮章竞诗歌创作时间长、数量多、类型多样，这些都在客观上决定其诗歌作品有多个层次。是以，采取“综论”的方式既是一种策略，同时也是一种“无奈之举”。结合前文已有的文字，“综论”是对除叙事诗、童话诗之外，以短诗为主而创作的一次讲述，而其在具体展开时，不仅有为数众多的诗作，还涉及广阔的历史和诗人的心路历程。

一、始终面向时代与现实生活

结合阮章竞的创作经历和具体创作情况，可以强烈感受到他的诗始终与时代同步，有着扎实的生活基础和现实体验。阮章竞是一位诗人，同时也是一位革命战士。他的诗歌创作起步于抗日战争年代，经受过血与火的考验。“以我的经验来说，最可靠的办法，是参加人民解放事业的各种斗争。要想创作，首先要自己有生活”“一个文艺工作者，要勇于参加斗争，锻炼自己，锻炼越多，收获越大”。[①]

① 阮章竞：《我怎样学习写作》，《文汇报》，1951 年 11 月 26 日。

这样的创作理念使其诗歌从一开始就与时代和现实紧紧地融合在一起。

“抗日战争，是决定我一生的最重要的历史时期。它决定我对祖国、对人民、对爱好、对工作和对人生的根本态度。”①《秋风曲》《牧羊儿》《民兵之歌》以及《姜四娘》等，是诗人现存的最早的一批诗作。在这些作品中，虽能读出歌的风味、曲的韵致，但就其主题而言，诗人总是将优美的民歌和抗日斗争结合起来。他总是习惯到人民群众生活中取材，通过熟悉群众生活而写作并凝结成篇。像一面镜子一样，阮章竞的诗及时记录生活、反映生活的变化，改造“二流子”、土地革命、妇女翻身解放等在根据地和解放区推行的政策和号召，均在他的诗中留有印记。新中国成立之后，诗人逐渐由革命战士转为文艺工作者，其间也曾到包钢担任领导干部（1956—1959），但他从未忘记自己作为一位革命文艺战士应有的责任与担当，总是以诗的方式表现时代、书写时代。在他的笔下，有伟大祖国的诞生和光辉的未来，有第一个五年建设的成功和各条战线上积极建设的繁荣场景；有对帝国主义侵略者的愤恨和对支持亚非拉第三世界国家的解放以及各国人民团结的向往；还有“大跃进”“新民歌”“勘探者之歌”和革命故地重游，以及赠友、抒怀和诸多观感……可以说，不论是“颂歌”还是“战歌”，当代社会每一个历史阶段都在他笔下留下痕迹。他是一位笔耕不辍、终生写作的诗人，他始终直面时代和现实生活的写作方式使其诗歌成为一部个体生命式的动态诗歌史！

以如上所述的方式创作出来的诗歌显然是写实风格的，而阮章竞的诗歌也确然是现实主义写作的代表。他的诗作从不向壁虚构，而是来自活生生的现实。这种风格与理念就创作思想而言，自是与“创作必须有真实感受。没有真实感受的东西是不可能写好的”和“歌颂人民是诗人的职责”②的观念有关，但从更深的生成机制来说，则是经受革命洗礼，追求真实，一切归于生活实践的结果。他的诗讲求真情实感、从心中流淌而出。多年矢志不渝的信念坚持使其诗歌创作充满信心和力量，拥有积极向上的格调。他将书写人民、歌咏现实当作一种使命，其诗歌本身具有鲜明的伦理意识。他的诗因此呈现出特有的风格化特点，同时也在

---

① 阮章竞：《阮章竞诗选》，北京：人民文学出版社，1985年版，“序”第2页。

② 刘增杰：《漫长的诗歌之旅——阮章竞访谈录》，刘增杰、王文金：《迟到的探询》，郑州：河南大学出版社，1996年版，第22—23页。

高度风格化的过程中拒绝外来元素的介入[①]。为此，在阅读阮章竞诗歌时，我们必须要注意到“那一代人”特有的情怀和思维方式。

二、“系列化”“组诗化”与浪漫的诗情

“系列化”“组诗化”是指阮章竞在诗歌创作过程中多偏爱以一个系列、一组诗的方式进行创作，而从其诗集编辑的情况来看更是如此。例如《虹霓集》中就有“祖国的早晨”“山野的新歌”“新塞上行”等系列；《勘探者之歌》中有“新黄河赞”“钢都颂”“沿着历史的长河行”“风暴颂”；《夏雨秋风录》中则有“溯河千里行”“夏日山村”“大军之路”“三峡颂”……“系列化”“组诗化”就直观的角度上看，表明诗人在具体创作时有集中的主题和多角度的表达，而就创作本身而言，则意味着诗人思考的深度与广度，再者就是饱满的诗情和强烈的主体意识。

饱满的诗情不仅使阮章竞这些作品在富于浓郁抒情性的同时与其叙事性作品产生了适度的区别，而且还使其作品与浪漫主义创作方法产生了密切的关联。浪漫主义本就是文学创作的重要方法之一，而诗歌作为一种特殊的文体也更会因为“诗的本质在于抒情”而易于与之联系起来。具体至阮章竞的诗歌，新中国成立、人民当家做主的自豪感和当时社会普遍的精神面貌，都使其诗歌创作有自发的激情和热情进而增加诗歌的情感维度。1958 年“两结合”即“革命的现实主义和革命的浪漫主义相结合”提出后，革命的浪漫主义更是被确立为当代文艺创作的重要方法之一并和革命的现实主义结合起来，此时诗歌创作具有浪漫的气质不仅在阮章竞的诗歌中常常呈现，更在当代诗歌创作中成为一种普遍的现象。

“系列化”“组诗化”虽在很大程度上强化了阮章竞诗歌的情感维度，但从其诗歌具体表现情况来看，诗人对浪漫情感的驾驭是多角度的。以组诗《新塞上行》和《乌兰察布》为例:《新塞上行》结集时包括《序歌》《鹿的地方》《黄河春汛》《蓝天碧野上的乐章》《黄河渡口》《雪海中的宝岛》《登白云鄂博》《富丽的宝山》《富丽泉之歌》《早晨的礼炮》《千古初开向日葵》《塞上重逢》《乌拉山麓下》

① 具体可参见《诗刊》1996 年第 12 期“编委论坛”刊登的阮章竞短文《求明者赐教》。

《大街的早晨》《昆独崙河桥》《风砂》《冬天里的春天》《风雪夜里的狼嚎》《草原的风雪》《钢铁的誓词》共20首短诗[①]。从其《序歌》中的诗句——

我沐浴三恭请，
历代的先行人！
请含着骄傲的微笑，
赐给我这样的权柄：
让我重新改写
您所唱过的歌词；
让我重新定高
您所弹过的琴弦。

我们可以明显感受到诗人在追求一种献诗或史诗的风格。为了突出整组诗是"新的"塞上之行，诗人大气磅礴、诗句明丽、格调豪迈，不着意具体的细节、故事和人物，而是在自然、历史、现实之场景的自由转换、对比中拓展写作的进路，感情激荡。同样地，在组诗《乌兰察布》（包括《乌兰察布》《银河》《光环》《紫微星》《雁群》《丙班》[②]）中，诗人更多借助的是传说、想象催动诗情。其转换之自然，想象之奇特，可以让人充分感受到发乎于内心、歌咏之真挚！

阴山道，阴山路，
电光照进牧人户。
纵马驰骋阴山上，
擎着北斗漫山舞。
句句歌唱夜明珠，

---

① 具体参见阮章竞的《虹霓集》，作家出版社，1958年版。后又以诗选的形式收入阮章竞的《迎春橘颂》（名为《新塞外行》，13首），北京：人民文学出版社，1959年版和《阮章竞诗选》（名为《新塞外行》，9首），北京：人民文学出版社，1985年版；以全部的形式收入阮章竞的《熊熊炉火照天赤》，北京：人民文学出版社，2017年版。

② 具体见阮章竞的《迎春橘颂》，人民文学出版社，1959年版。后又以全部的形式收入阮章竞的《熊熊炉火照天赤》，北京：人民文学出版社，2017年版。

颗颗吐上天，
落在乌兰察布！

——《乌兰察布》

而在组诗《大军之路》（包括《序曲》《豫东道上》《周口梧桐》《过钱店》《渡沙河》《洪河夜灯》《强渡汝河》《淮河徒涉》《秋菊》[①]）中，因为题材的写实性和依据作者亲历而成，诗人表达情感更多通过第一人称“我”及比喻等修辞手法的使用，忆往昔峥嵘岁月，进而增加了组诗的情感元素。总之，以“系列化”“组诗化”为外在标志，阮章竞以集束式的书写，展现了其诗歌在情感方面的特点。作为具体的歌者，阮章竞在抒发情感、呈现自己诗歌浪漫情感时因其个人性或多或少会与理论化的浪漫主义有一些不同，但在书写现实时，他从不缺乏浪漫的激情，而其积极、昂扬、奋进向上且不乏匠心的情感表达恰恰成为其诗歌风格的重要面相。

三、语言的锤炼与使用

在具体创作过程中，阮章竞十分注意语言运用等细节。诗人很早就曾意识到——

有了生活、思想之后，语言——在文学作品中是最重要的一关了。群众的生活与思想感情，是用语言、行动来表达的。我是南方人，在这一点上，是很吃力的。因此，我要常关心群众的语言，什么样的情形，怎么样说，大体上都是有些规律的，要把它记下来。

群众的语言，十分幽默、新鲜。初听群众的语言似乎很啰唆，可是这当中有好多好的东西，文学家的任务，在于提炼这些语言，根据群众语言的规律，创造语言。群众的语言，有的简直就是诗……[②]

---

① 具体见《阮章竞诗选》，北京：人民文学出版社，1985 年版。后又以全部的形式收入阮章竞的《夏雨秋风录》，重庆出版社，1993 年版和阮章竞的《晚号集》，北京：人民文学出版社，2001 年版。

② 阮章竞：《我怎样学习写作》，《文汇报》，1951 年 11 月 26—28 日（连载）。

鉴于从南方迁移到北方，诗歌接受与阅读也以北方语言为主，所以，诗人在相当长时间里将学习北方语言作为自己一项重要的课业。翻阅其《民间语言记录》手稿，可以看到其为了学习和熟悉北方方言，做了大量的笔记[①]。通过留心记录、学习和交流，阮章竞发现群众的语言虽为口语，但却生动、鲜活，具有生活的原生态特质。而文学创作本身是出于生活又高于生活，需要进行艺术加工与创造，这一点就语言方面来讲，是要先熟悉语言，而后通过艺术的手法灵活、自由同时又不失创造性地使用语言，这样的"转换"思路和实践自然易于为读者所接受。

在学习之余，阮章竞还在具体写作过程中注重炼字、炼句和炼意——

> 我的经验，写诗要把墨池当炉火，在这炉火里，首先要炼意，再要炼字，再要炼句。立意炼意极其重要，不管长诗短句都要不断地炼。……所以写诗必须反复提炼出一个能表达情怀的意境。
>
> 我的经验，写诗要把稿纸当磨石。像磨刀一样，要把泥灰尘锈都磨去，要自己能见到棱角与光，别人是否这样看倒可不管。
>
> 我的经验，用绣的方法绣诗，不如用锤的方法锤诗。
>
> 较好的意境、句子都是从炼、磨、锤中来。一写就好，我从来没有这个才能。[②]

具体的炼字、炼句以及由此而出的炼意，只通过阅读发表稿和最终结集自是无法一见其真颜，但从阮章竞喜欢在作品后面注明写作时间、修改时间，以及对照发表初稿和诗集具体收录的内容，我们还是可以清楚地看到诗人为此付出的努力，而像前文提到的《牛仔王》的修改过程更是一个明证。

通过炼字、炼句以及炼意，阮章竞诗歌实现了口语和书面语之间的交融和互动，这一点对于诗歌艺术性来说是至关重要的。具体的炼字还可以通过诸如《强渡汝河》来说明，在这首诗中，诗人没有平铺直叙，而是以"头上，云低，天暗，脚下，泥泞，道滑""马前，是浊流，身边，是漩涡"这样短促有力的句子，强化诗的

---

① 可参见阮援朝编《阮章竞太行山笔记手稿四种》，北京：中华书局，2017年版。其中第一部分为"民间语言记录"，主要收录了阮章竞1942年和1948年两种语言记录。

② 阮章竞：《漫忆咿呀学语时——谈谈我怎样学习民歌写〈漳河水〉》，《文艺研究》，1982年第2期。

表达和情感的传达。用词而非句子排列成行，当然与诗人主观层面上的对字句的雕琢有关。只是限于篇幅，此处不再一一赘述。值得引申的是，当多年后我们再次阅读阮章竞的诗，虽发现在特定年代观念制约下，他的诗一度多使用一些“大词”、有符号化的倾向，但联系时代背景，我们显然不宜过分苛责诗人。相反地，正是由于炼字、炼句，阮章竞的诗作在同时期诗歌创作中保持了较高的水准，而其炼字、炼句以及炼意的经验，对于今天的写作者来说仍有着重要的参考意义和价值。

四、传统资源的继承与转化

阅读阮章竞的诗，能够很清晰地感受到其深受中国古代诗歌传统资源的影响，他的诗歌不论形式还是具体的书写，都常常于不经意间流露出这方面的特征。

阮章竞自幼受民间文艺熏陶，很早就学唱歌谣。他爱好民歌，爱好中国古典诗，20 世纪 30 年代末期在太行山区工作期间，更是使其和民歌紧紧地联系在一起。阮章竞曾自言，在创作《赤叶河》和《漳河水》时“领会了民歌的优美特点是比兴”“因此我就沿着这些前人的踪迹，使用人民的语汇特点，有经过改造的，也有新造的，捏合在一起，它句法的形式（如两句式、三句式、四句五句式等）近乎填词。我悟出个道理，民歌调子可以填，而且更富有泥土气息，草味花香，水声鸟语，这样的山林回声，虫鸣天籁，使我进入作品中的境界，不是在制造，而是走进其中，看人有人，看物有色，听声有音响”①。民歌是流传于民间的天然的诗，它有诗的韵律、词曲的音调，以及自《诗经》以来的中国诗歌传统民间化的结果，同时也是中国诗歌传统的重要组成部分。阮章竞的诗歌创作起自“歌”与“曲”，本就使其创作和传统紧密联系在一起。纵观其诗歌写作的历程，民歌和诗词资源显然在其创作过程中起到了至关重要的作用。《牧羊儿》《柳叶儿青青》《圈套》《漳河水》等早期之作同时也是其成名之作，都闪现着民歌资源的继承、改造与加工，并自然融进阮章竞后来的诗歌创作之中。通过与以民歌为代表的传统相遇，阮章竞的诗歌有明显的歌谣化特征，而这种倾向也在很大程度上缓解了其写作过程中因叙述而造成的写作上的紧张感。

---

① 阮章竞：《阮章竞与友人论诗的信》，《长江学术》，2007 年第 2 期。

通过对传统资源的继承，阮章竞的诗歌富于音乐性，在诗行和押韵等方面常常颇有诗词之风。此外，阮章竞还创作了大量的古体诗并有很多填词，等等。这些在其诗集中随处可见且在《晚号集》中集中展现的例子[①]，由于个案丰富，完全可以达到举不胜举的程度。值得一提的是，在汲取古典诗学资源的过程中，阮章竞还对其进行宽泛式的理解，让诗歌和音乐、绘画联系在一起："中国的诗同音乐、同画都很有关系。中国民歌和古典诗由于中国语言的独特性，有颜色，有音色。一些民歌和古典诗一读起来，就觉得充满画意和音乐旋律。"[②]诗中有画，诗中有歌，显然是提升了诗歌的艺术品位，实现了一种真正意义上的诗情画意。这样的思路一方面反映了阮章竞的艺术成长之路（如其早年对绘画、音乐的热爱、学习和实践积累的经验，而这种喜好就其经历而言可谓是贯穿一生的），另一方面也符合诗歌的阅读与传播过程中群众的接受趣味。

阮章竞曾言："谈到自由诗究竟怎样搞法，有很多问题需要研究解决。但我主张广大群众喜欢的东西，我们就要向这方面努力！去学，向民歌学。"[③]这样的观点以今天眼光来看,可以有许多商榷之处,但从当时的语境来看,却是十分真实的。"广大群众喜欢的东西"意味着喜闻乐见、有广泛的受众度，至于由此可以引申的则是：传统诗歌资源的如何继承和转化以及如何与新诗对话的问题。新诗是中国诗歌的晚近部分,决定其必然要面对传统的延传和接受。在此过程中,民歌虽不是继承的全部,但可以作为其中有效的部分，阮章竞通过其实践恰恰告诉了我们上述经验！

五、地域性的传达与启示

阮章竞的诗歌还因其工作和游历等原因，具有较为鲜明的地域性特征。

如果说早年的创作，如写于太行山区清漳河畔的作品，本就是在搜集各地民歌的前提下和由当地许多民间歌谣"凑成"的方式，生动地展现了一种"地域性"，

---

① 《晚号集》是诗人多年来的创作合集，其中"诗集·桑影集"和"诗集·太行山不倒"的绝大部分作品属于首次结集出版，并有大量的古体诗和词。

② 阮章竞：《群众对诗人的要求是什么——1958年8月3日在"诗刊"编辑部的座谈会上的发言》，《诗刊》，1958年8月号。

③ 阮章竞：《群众对诗人的要求是什么——1958年8月3日在"诗刊"编辑部的座谈会上的发言》，《诗刊》，1958年8月号。

那么，在新中国成立之后，诗人借出访之机和工作的变动，完成的“行吟诗”便更显示其地域性的特点。在此过程中，我们必须注意的是，阮章竞不仅关注生活、热爱生活，还是一位寄情山水、倾心自然以及渴望通过故地重游、重温记忆的诗人。他在《夏雨秋风录》的“序”中曾写有——

> 60年代，我曾经拟订了一个计划：沿着抗日战争和解放战争的征战路线、著名战场和老根据地分期进行访问，以便了结一个写作夙愿。从1963年春天起，花了半年多时间，两次访问了晋东南、冀西和豫北……
>
> 从我重新执行原定计划起，每年我都有两三个月是在旅行访问中。远路坐车，近路策杖，步行山间，踯躅河畔，履霜踏月，常随着自己的欢愁喜怒，草写了一些诗。[①]

其实已间接反映出其诗歌与地域之间可能存在的关系。

1956年冬，阮章竞始任中共包头钢铁公司党委委员、宣传部部长。至1959年冬，一直在包钢工作。四年间，阮章竞创作了大量游历边塞的诗篇。这些后来收入《虹霓集》《迎春橘颂》《勘探者之歌》中的作品，如组诗《新塞上行》（20首）、《乌兰察布》（6首）、《新黄河赞》（5首）、《钢都颂》（9首）以及前文提到的《白云鄂博交响诗》等，充分展示了边地风情和开拓者的风采——

> 阴山下，乌拉川，
> 天蓝白云净，
> 草绿露珠光，
> 风沙不起，一目千里。
> 黄河浪头破天来，
> 惊乱了，一天沙鸡。
>
> ——《新塞上行》之《鹿的地方·一　前天》

---

① 阮章竞：《夏雨秋风录》，重庆出版社，1993年版，“序”第1、4页。

乌兰察布雪茫茫，
岗陵高低像银浪。
银浪漂来两群羊，
像千朵荷花漂雪海，
雪海风吹牧歌来：

——《雪海风吹牧歌来》

我带着探锤和琴，
漫游生我养我的伟大山河。
寻找最坚最韧的金属，
寻找最响最亮的音色。
献给最强最大乐队，
弹出无愧于时代
最强最壮的中国的交响乐！

——《勘探者之歌》

于1964年2月出版的《四月的哈瓦那》是诗人1961年3—5月访问古巴所得。这部诗集在当时主要是热情地歌颂了古巴人民反对美帝国主义、保卫祖国的英勇行为，同时，也不乏美洲的异地风情。《马埃斯特腊山麓下》和《忆松树岛》中的“白沙滩”“黑沙滩”；还有《多宝湖边花》《科奇诺斯湾颂》等，既记录了古巴人民抗争的历史，也同样记录了当地美丽的景色。《四月的哈瓦那》是一部具有特殊意义的诗篇，它能够在2015年作为中古建交55周年的献礼出版汉西对照版绝非偶然，它不仅是献给中古建交55周年同时还是献给纪念世界反法西斯战争胜利70周年的一份重要礼物。“古巴绚丽的风光，勤劳勇敢的人民，为维护国家独立主权的斗争精神，特别是目睹了古巴人民在吉隆滩打败美国雇佣军入侵，捍卫新生革命政权的事迹，激发了诗人创作的灵感。他以诗人和抗战老战士的视角，创作了大量的充满激情的诗歌，热情讴歌古巴的山山水水，古巴的人民及其领袖以及两国人民兄弟般的真诚友谊。”[①] 正是其独特意义和价值所在。

20 世纪 80 年代之后的阮章竞，虽已年过六旬，但依然老骥伏枥、志在千里，保持着旺盛的创作状态。组诗《溯河千里行》（8 首）、《大军之路》（9 首）、《三峡颂》（12 首）、《意大利的歌》（13 首）、《天山·昆仑行》（20 首），均是其游历归来创作的结晶。这里有当年戎马征程的重走，也抒发了对山水的挚爱，更见证了一位诗人的天性，但一切又最终可以归结为通过实地考察而获得的真情实感，归结为始终面向现实生活。此时，写作的功利意识早已褪去，剩下的唯余一种热爱和执着。而作为一种结果，则是这些努力在丰富阮章竞诗歌地域性的同时，也丰富了艾青、李季、闻捷、郭小川等人实践过的当代行吟诗书写。

六、“回归一种心路历程”

正如诗人在为《晚号集》出版写下的一段“序言”——

> 《漫漫幽林路》《夏雨秋风录》《桑影集》三个集子，都是拨乱反正后写的叙事诗和抒怀诗。《漫漫幽林路》《夏雨秋风录》出版时，因校对、印刷错误太多，除很少一部分外，都未与读者见面。现在借《桑影集》出书的机会，放在一起向读者做个交代时，我已走到晚号吹彻，宿鸟鸣林的时刻，故名《晚号集》……[②]

“晚号”是一种总结，隐含着诗人回归的心态；“晚号”是一曲绝唱，见证着诗人对诗歌终其一生的挚爱，同时也见证着诗人矢志不渝的写作责任和担当。

相比曾经的创作，“晚号”就风格而言是苍凉的、内敛的，有些像萧瑟、深沉的秋天，既给人以肃杀之感，又给人以繁华过后、需要独自平静地面对生命晚

---

① 《为人民歌唱的诗歌，能跨越时空而存在——纪念中古建交 55 周年暨〈四月的哈瓦那〉诗集（中西文版）首发》，《留学生》，2015 年 9 月号上。

② 阮章竞：《晚号集》，北京：人民文学出版社，2001 年版，“序言”第 1 页。这段“序言”是阮章竞写于 1999 年 10 月的第一段，此后诗人的身体状况让其无法写下去，“序言”的余下部分为阮援朝所作，特此说明。

期的体验。当然，如果只是从风格转变的角度看，在《漫漫幽林路》出版时就已有预示。《漫漫幽林路》出版于1991年，包括《漫漫幽林路》《边关明月胡杨泪》两部叙事长诗，后全文收入《晚号集》（收入时《边关明月胡杨泪》更名为《胡杨泪》）。就主题内容来看，两部叙事长诗所要表达的仍然是妇女解放和命运的问题，这对于以《漳河水》闻名于世的诗人来说并不让人感到意外。但在具体阅读时，我们却可以明显感受到，诗人在进行社会生活批判时换取了另一种手法：心理描写、幽默甚至反讽，质疑与反问，将愤怒隐含在文字和不时出现的调侃之间，其实都反映了诗人内心的某种变化，同时也可以很自然地让人将其和诗人步入晚年的实际情况联系在一起。

晚年的阮章竞虽早已知晓老之将至，洞悉自然法则，但仍选择以一种积极的姿态，面对人生和写作。在条件允许的前提下，他仍每天要抽出时间进行创作，以求做出更多贡献、发出更多的光和热[①]。通过《晚号集》中的几首有代表性的作品，即——

二十世纪终曲临尾声，
二十一世纪序曲正清喉。
万里潮声，万里莺歌，
激昂粗犷，清婉缠绵，
都在争占时空竞自由。
剑老无芒莫认账，
余年当学大江流。

——《赠友》

心中要有丁点儿的光，
说明我心没有衰退；

① 如彭龄在《由〈晚号集〉的出版想到的》一文中就曾提到阮章竞晚年在自己书房“苦噪楼”门上贴一则“告示”的故事。“告示”名为“心失平衡求谅”，内容为：“望能再活五年，我已八十岁了，每天最多工作四小时，总共七千三百小时，请家人亲朋白天莫进工作室，今生对不起，只求来生再报。”该文后收入李容焕、余丛、阮援朝编：《永远的阮章竞》，广州：暨南大学出版社，2013年版，第77—81页。

只要微光永不消失，
我就不会无所作为。

——《微弱的光》

你把孤独、幻想，
当作暗室的烛光，
就会有姹紫嫣红的蓓蕾，
在你心中咿咿呀呀开放。

——《孤独》

我们可以感受到诗人坦荡而不屈的灵魂，这位从战争年代就开始从事文艺创作的诗人，始终吟唱着属于自已的曲子。在他的诗中，我们能够领略到理想主义的光辉，体悟到一种生命的哲理。他不仅将这些积极向上、来自生命深层次思考的内容写进诗中，还期待在赠友和阅读中传递给他人。也许，因为年龄和形式选择等原因，阮章竞这一时期的诗多以怀想、感悟为主，很少出现长篇叙述，但自由灵活、短小精悍的短制却与思考式的写作十分契合，这些凝炼的语句，隽永、练达、富有哲理，带有对生命深刻的感悟，令人读后回味无穷！

晚年的诗人还多有怀人之作，欲借此重现旧日的时光。同时，晚年的诗人也多创作旧体诗、填词，这种在“怀想”中带有“回归”倾向的创作，既在艺术上实现了一种真正的回归，同时也实现了一种历史的、心灵的回归，而其诗歌之旅也由此显示出完整、丰富、多样性的特点。

能够作为个案呈现阮章竞诗歌丰富性的作品当然还有，只是限于讲述的原因，无法一一展开。总之，阮章竞诗歌是一个内涵丰厚的“矿藏”，值得我们不断在挖掘的过程中发现新内容。他的诗及创作本身还会以激励人格的方式，为后代诗人树立典范的形象。“将近半个世纪了，我写的诗、话剧、歌剧、散文和小说，探讨和处理的，无一不是和我的祖国命运、人民的命运休戚相关的问题。”① 阮章竞以其诗歌实践实现了诗人、诗作与时代、人生的紧密结合，这些足以使我们珍视与驻足了。

① 阮章竞：《我与祖国共命运——答米兰〈人与书〉编者问》，《文学报》，1984年5月10日。

第二章

其他创作论

戏 剧 论

如果从创作经历来看，阮章竞首先应当是一个戏剧家。他最早以戏剧闻名且创作了多种形式。但从文学史评价来说，随着《漳河水》地位的确立，他的戏剧以及小说、散文都在一定程度上未获得充分的认知。当然，如果联系阮章竞的戏剧之路，我们也会发现这样的事实：战争年代许多作品的遗失，以及过早地终止自己在这一形式上的探索与耕耘，恐怕也是其被历史遮蔽的重要原因。至于由此探究阮章竞在戏剧方面的创作道路和心路历程，不仅可以全面了解阮章竞的文学创作，而且还可以在重温历史的过程中见证特定时代的文学创作及其发展的轨迹。

一、回顾远去的历史

阮章竞自幼喜欢文艺，1934 年流浪上海之后更是因积极参加抗日宣传文艺活动而积累了大量的经验。1938 年 4 月 23 日，经一段时间的筹建，第十八集团军第八路军晋冀豫边区太行山剧团（简称太行山剧团）在晋城成立。太行山剧团刚成立时共25人。阮章竞因被发现会搞文艺而调至该团工作，多使用笔名“洪荒”[①]。他先后任剧团政治指导员、艺术指导员和团长职务。剧团成立之初，由于条件的限制，文化人也不是很多，戏剧的排演多采用搬演现成的作品（如陈荒煤的《打鬼子去》）的形式。但这种做法随着抗战进入相持阶段很快就不能适应形势的需要。是年夏天，出于工作的需要，阮章竞开始写剧本[②]，从而开启了他的戏剧之路。

1938年7月，阮章竞创作完成了纪念卢沟桥事变的独幕话剧《周年》（署名洪荒）。这是作者的第一篇剧作。9至10月间，创作二幕话剧《太阳出来了》[③]（署名洪荒）。10月，《保卫抗日根据地》[④]（三幕话剧）。在这幕剧中，他第一次采用当地民歌《卖扁食》的曲调，填了一首《秋风曲》，获得成功，这是这幕剧后来唯一保存下来的文字，后收入《阮章竞诗选》（1985）[⑤]。同月，太行山剧团沿太行山主峰进行了保卫抗日根据地的流动演出。此次流动演出历时三个月，行程二千五百里。1939年8、9月间，太行山剧团全力为将于9月召开的中共晋冀豫区第一次党员代表大会准备庆祝节目。洪荒为大会创作了多幕话剧《红巾》[⑥]。11月，他率太行山剧团到辽县六区开展农村戏剧活动，有意识地收集了很多民歌。在他留下的十六册早期笔记中，可以见到1942年和1948年专门记录民间语言的两册，麻纸淡墨，共有四万余字[⑦]。同年，还创作了歌舞剧《红星旗下》（又名《国际歌舞》）、活报剧《反对慕尼黑协定》。

---

① 赵正晶、崔家俊执笔：《太行山剧团团史》，本文依据阮章竞口述，方铭、贾柯夫记录、整理：《异乡岁月——阮章竞回忆录》，北京：文化艺术出版社，2014年版，第202页。

② 阮章竞：《漫忆咿呀学语时——谈谈我怎样学习民歌写〈漳河水〉》，《文艺研究》，1982年第2期。

③ 据李伯钊《敌后文艺运动概况》记录，阮章竞剧作《九一八前夕》演出后效果不错，而这部剧的剧本并没有保存下来，阮章竞自己提到的相似作品名为《太阳出来了》。参见陈培浩、阮援朝：《阮章竞评传》，桂林：漓江出版社，第57页。

④ 在阮章竞口述，方铭、贾柯夫记录、整理的：《异乡岁月——阮章竞回忆录》中，此剧记录为《巩固抗日根据地》，结合多种资料对照，应为误记。

⑤ 在本谱中，“后收入”一般指现今查到的第一次收入作品集的时间，下同，不注。

⑥ 关于该剧，《异乡岁月——阮章竞回忆录》中有过介绍。主要是描述了革命队伍中一些从城市来的女同志不愿吃苦的情形，其目的是“反娇气”，但上演后因一句台词被停演，而停演的原因自是斗争性不强。见该书第105页。

⑦ 阮援朝：《珠江游子太行魂》，《文艺理论与批评》，2014年第3期

1940年，阮章竞的戏剧作品主要有《和尚岭》[①]、话剧《登记》等。1941年，还创作有话剧《圈套》，歌剧《民族的光荣》（周沛然作曲），《茂林事变》（快板活报剧）[②]，《保卫华北》（活报剧），由太行韬奋书店出版了话剧《转变》。1942年5月，参加反“扫荡”。在战斗中负伤。“我曾计划用当地的民歌曲调，串成一个反映减租减息斗争的多幕歌剧《柳亭郊》，未脱稿就在反‘扫荡’中遗失了。”[③]10月初，完成话剧《未熟的庄稼》（署名洪荒），该剧后于1943年6月在新华书店出版，是阮章竞保存下来最早的剧本。1943年3月，适于演唱的长诗《柳叶儿青青》写于下洹村。后来又将其改编为歌剧《比赛》，1943年由太行新华书店出版。7月10日，阮章竞（署名啸秋）在《华北文化》革新1卷4期，发表《当前戏剧界的几个问题》。9月，作话剧《糠菜夫妻》，后作为“大众文艺小丛书之四”由新华书店发行。1944年1月，发表剧本《婚姻有保证了》，载本年1月1日出版的《华北文化》革新3卷1、2期合刊。1947年9月，话剧《赤叶河》初稿完成于清漳河畔，后于1948年2月在太行新华书店初版（阮章竞编剧，高介云等作曲），该剧在1949年5月曾作为大会献礼演出参加了在北京召开的全国青年代表大会。

新中国成立后，阮章竞的戏剧活动主要包括修订了《赤叶河》（1950）；1953年根据自己工作实践，创作了话剧《在时代的列车上》。1954年6月，话剧《在时代的列车上》由华北人民话剧团首次公演；7月，发表于《剧本》1954年第7期。此后，他没有再涉足戏剧创作。回顾历史，从最初投身革命、从事戏剧活动到20世纪50年代，阮章竞共创作各种类型的戏剧20余场。但由于其剧本多诞生于战火纷飞的年代，绝大部分都已遗失，今天能看到的剧本主要有《未熟的庄稼》《比赛》《糠菜夫妻》《赤叶河》《在时代的列车上》5种，此外还有为数不多的谈论戏剧的文章等。它们是研究阮章竞戏剧创作的重要文献，尽管从创作资料搜集的角度上看，有些遗憾。

---

① 《和尚岭》（多幕话剧），因不符合三三制原则被下令停演，后来遗失。见阮章竞口述，方铭、贾柯夫记录、整理：《异乡岁月——阮章竞回忆录》，北京：文化艺术出版社，2014年版，第114—116页。

② 在陈培浩、阮援朝合著的《阮章竞评传》中，此剧书下注释为“《太行山剧团团史》中记为《反对皖南事变》，《茂林事变》是阮章竞回忆录中所记题目”。桂林：漓江出版社，2013年版，第57页书下注释。

③ 阮章竞：《漫忆咿呀学语时——谈谈我怎样学习民歌写〈漳河水〉》，《文艺研究》，1982年第2期。

二、战争年代的戏剧

由于很多剧本已经遗失，我们今天回顾阮章竞的戏剧创作更多是通过其本人的回忆实现的。在2014年1月由文化艺术出版社出版的阮章竞口述、贾柯夫和方铭记录整理的《异乡岁月——阮章竞回忆录》中，阮章竞就提及了《周年》《保卫抗日根据地》《红巾》《和尚岭》等剧本的内容及当时的创作情况。“我当时十分注意服装和布景的真实性。在太行山地区，许多剧团因为缺乏专业人才，几乎不置背景。”“另外，我刻意把演出的次序搞得紧凑些，注意调动观众的情绪。也许因为我们当时强调的是宣传效果，因此，除了注意剧本、演技外，很留意观众的反应。”从阮章竞的回忆录中，我们可以看到在客观条件相对艰苦的背景下，戏剧工作者们尽量调动一切手段，获得好的艺术效果；而且，戏剧创作与演出的目的也是十分明显的：“当时没有‘艺术首先是艺术’的认识，只认为演戏是为抗战服务，是抗战的宣传工具，一切原则服从于宣传的需要。”[①]这种做法以今天的眼光看，当然不符合艺术发展的规律，但在抗日战争的具体环境中，却是“别无选择”的。

在战火硝烟中完成于1942年10月的《未熟的庄稼》是阮章竞现存最早的遗珠。故事是沿着“面向敌占区”的政治方向写出的。董其昌是一名小学教师，他了解敌人的阴谋。由于日寇在敌占区推行“以华治华”的政策，利用两个村子马家坪和褚家庄保护庄稼与割庄稼的矛盾，抢收夏粮，获得利益。在这种情况下，两个村子的老百姓互相抢粮，发生械斗。结果农民马占元被其妻弟褚天根打死。在两个村子矛盾加剧，极有可能产生更大规模斗争时，董其昌给村民们讲述民族大义，要平息矛盾、识破敌人的阴谋，一致对外……整部剧有较为尖锐的矛盾冲突，突出了团结抗战的主题，但对于反面人物的处理则存在概念化的倾向，语言上也未能做到“雅俗共赏”[②]。写于1943年的《比赛》和《糠菜夫妻》，就主题而言，都突出了改造懒汉的实际问题。但不同的是，《比赛》中的大东子，是一个真正

---

① 阮章竞口述，贾柯夫、方铭记录整理：《异乡岁月——阮章竞回忆录》，北京：文化艺术出版社，2014年版，第71页。

② 阮章竞口述，贾柯夫、方铭记录整理：《异乡岁月——阮章竞回忆录》，北京：文化艺术出版社，2014年版，第142页。

的懒汉，他不愿参加生产劳动，经常同妻子和儿子吵嘴，还有明显的大男子主义作风。在周遭大家的舆论面前，在妇救会长的批评教育下，在妻子和儿子的帮助下，大东子认识了自己的错误，明白了边区施行的新法令，开始下地劳动，并提出要同老婆孩子比赛，争当劳动模范。《糠菜夫妻》中的科子也不愿参加生产劳动，而科子的妻子金梅二十刚过，便有了孩子，只能在困难时期吃糠咽菜。金梅在饥饿面前对科子不满，此时又有女特务仙花的挑拨，结果是科子偷走了金梅的裤子，金梅出不了门。夫妻两个发生争吵，科子要枪毙金梅，两个人去找工会主席要离婚。此时正好遇上工会主席在工作时候发现仙花往水井里投毒，被愚弄的夫妻方大梦初醒，和好如初。如果说《比赛》是解放区“改造二流子”的故事，强调的是“旧人转新人”，那么，《糠菜夫妻》显然将日常生活矛盾上升为敌我矛盾，具有更为鲜明的政治倾向。“从戏剧性来说，《糠菜夫妻》的巧合是多了些，在今天看来，显然把本来复杂的矛盾简单化地处理了。但在当时是符合宣传的需要的。因此每演出一次，照例轰动一次，不知拯救了多少趋于崩溃的青年夫妻。”[①]作者在多年后回忆时的讲述恰恰道出这种冲突安排的目的和意义。

完成于1947年9月的四幕剧《赤叶河》同样是讲述解放区的故事，但其目的显然是为了配合农村土地改革运动而写。而其后来多次修订的过程也充分证明了“政策思想，是一个文艺工作者在他参加群众斗争的实践中，逐步明确与加深的”[②]。整部作品分四部，第一部发生于1930年，太行山下的赤叶河，地主吕承书向开荒者收租，至今已有三代，故事从一开始就以历史隐喻的形式呈现了农民和地主之间的关系。第二部讲农民王大富，被吕承书设计欠下一笔债。第三部讲王大富的儿媳燕燕两次遭吕承书调戏，被丈夫王禾子看见，引起误会，燕燕投河自尽，王禾子愤而出走。第四部讲赤叶河解放两年之后，出走14年的王禾子归家，向吕承书讨还血债。吕承书开始伪装接受改造，村干部高山大被其蒙蔽，后听取群众意见，斗倒地主，赤叶河走向新生活。《赤叶河》的故事充满戏剧性，让人在看后很容易联想到《白毛女》《王贵与李香香》《暴风骤雨》等作品。它的诞

---

① 阮章竞口述，贾柯夫、方铭记录整理：《异乡岁月——阮章竟回忆录》，北京：文化艺术出版社，2014年版，第165页。

② 阮章竞：《关于〈赤叶河〉的三次重改写》，阮章竟编剧，梁寒光等作曲：《赤叶河（修订本）》，新华书店，1950年修订三版，第122页。

生反映了解放区文学在当时普遍关注的主题。从艺术上看，《赤叶河》创造性地使用了诗体歌剧的体式，显示了阮章竞在诗歌和戏剧方面的“共同的才能”。“这部作品也因为刘邓大军的随军文工团演出而走遍大江南北，在当时有新歌剧‘一白一红’之说（白指《白毛女》，红指《赤叶河》）。但由于女性角色太少等复杂的因素，这部当年影响巨大的歌剧后来没有得到足够的关注。”①

三、“在时代的列车上”

在《阮章竞评传》中，作者陈培浩曾归纳太行山剧团的“宣传功能”及由此带来的“一些基本特征”，即“剧团写作是战争背景下的革命文学和党文学写作”“剧团写作者革命文艺家的身份特征”“剧团写作所处的特殊战争环境”“剧团写作的口传文化性质”②，这四点自是同样符合阮章竞的戏剧创作。阮章竞是革命文艺工作者的身份从主客观角度都决定其戏剧创作的宣传功能和“基本特征”，戏剧要为革命服务、为大众服务，使其创作具有强烈的现实感。这种的创作方式虽有时使其创作与工作目标结合得过于紧密，有赶任务之嫌并出现过诸如前文提到的《红巾》《和尚岭》式的“插曲”，但却在长期的实践中形成一种与时代氛围相契合的创作思维方式，进而影响到其之后的创作之路。

结合新中国成立后四幕剧《在时代的列车上》的创作情况可知：虽然时代与戏剧内容与太行山剧团时期有所不同，但从戏剧写作过程来看，《在时代的列车上》仍然符合上述生长的逻辑并具有相应的时代特点。1952年“三反”“五反”工作如火如荼地开展起来后，阮章竞被调至上海。

《在时代的列车上》以国家在过渡时期对资本主义工商业进行社会主义改造为题材，通过对东方橡胶厂在接受国家订货以后矛盾斗争的描写，揭示了在“五反”运动中，工人阶级在党的领导和群众的支持下，击败了资产阶级的猖狂进攻，实现了公私合营，“上了新时代的列车”“向前开去”。揭露了不法资本家在接受国家抗美援朝的汽车轮胎和军鞋的加工、订货之后，暗地进行偷工减料、逃税漏

① 陈培浩、阮援朝：《阮章竞评传》，桂林：漓江出版社，2013年版，第69页。

② 陈培浩、阮援朝：《阮章竞评传》，桂林：漓江出版社，2013年版，第42—55页。

税、腐蚀国家干部等“五毒”行为，作品形象地揭示了谁要是阻碍走社会主义道路，只能自取灭亡。整部作品描写真实，是表现过渡时期工业题材中不可多得的戏剧作品。

《在时代的列车上》为了突出戏剧冲突，多通过心理描写突出人物的思想和作品主题。东方橡胶厂的副经理兼总工程师、市政治协商会议的委员方云洲，在旧社会亲眼看到民族工业的艰辛，新中国成立之后，他通过亲眼所见加深了对中国共产党的认识。他热爱祖国，对人民政府表现出极大的信任，正因为如此，他才会与东方橡胶厂的董事长张飞龙之间产生巨大的矛盾。对于究竟是否坦白工作中的实际问题，他同样有着强烈的心理冲突，因此苦恼万分，但最终他还是冲过心理障碍，讲述了工厂存在的对抗社会主义改造的问题，因而他最终成为了主人……这些情节，对于熟悉革命和农村题材的阮章竞来说，显然是下了非常大的工夫的。

值得补充的是，《在时代的列车上》之后，阮章竞几乎再也没有进行戏剧创作[①]。究其原因，是因为《在时代的列车上》本身是“创作组”写作的结果。太行山时代的阮章竞，虽然也是创作密切配合实际运动，但其创作主体仍然是其本人，有着自己的能动性，但“创作组”时代的写作却不是这样，除了必要的政治性，它还要求集体性，以集体讨论的方式确定主题、框架到写作方法，这种模式化、程式化的写作显然和阮章竞的主体创作愿望有所不同。既然自己的创作权利被极大地剥夺，那么不写也许是最好的回应方式，而这种方式曾被视为“非常有阮章竞特色的”[②]。

四、理论的开放与拓展

在进行戏剧创作的同时，阮章竞还是一位对戏剧创作有着深刻认知的理论家。早在20世纪40年代，阮章竞就曾写过《当前戏剧界的几个问题》的文章。针对晋冀豫戏剧界实际存在的问题，阮章竞就相继指出了如何处理“关于戏剧为政治服务这个问题”、戏剧如何更好地与工农兵结合的问题以及戏剧界本身“还存在

---

① 关于阮章竞之后在戏剧方面的创作情况，可参见陈培浩、阮援朝：《阮章竞评传》，桂林：漓江出版社，2013年版，第116页。

② 陈培浩、阮援朝：《阮章竞评传》，桂林：漓江出版社，2013年版，第117页。

着严重的宗派主义”，而其结论则是——

> 在本区戏剧界应展开讨论和检讨，并应特别强调以下三点：第一，戏剧应进一步为政治服务，今天就是为战争、生产、教育三大任务而奋斗。戏剧工作者是革命的战士，而不是革命的客人；第二，与群众结合，面向工农兵，到群众中去与群众打成一片，一面教育群众，一面向群众学习。打开宽阔的天地，开展工农兵群众性的戏剧运动，在群众中生根发芽滋长；第三，就是加强整风，加强戏剧界的团结，坚决克服宗派主义、自由主义的残余，发扬自我批评，提倡互帮互助，督促、提高组织性。戏剧界应在剧办大众化的农村剧运的总的统一的方针下积极行动起来。[①]

结合论述，我们不难看出，同创作一样，阮章竞的戏剧理论主张同样有着鲜明的政治意识，但在另一方面，又具有十分鲜明的实践意识，这样的特点使其创作与主张可以结合在一起，从实践中来，并最终指导、丰富戏剧实践，而其主张的具体性、针对性、时代性也由此透露出来。

客观地说，阮章竞学历不高，相对于戏剧也没有过多的专业训练。但多年来革命文艺实践的历练，却使其积累了丰富的经验，对戏剧艺术本身有着独特的认识。以《阮章竞同志谈戏剧》为例，该文作者为李乡浏，具体内容主要是回顾了和阮章竞的一封通信，通信时间为 1955 年 1 月。因对悲剧、喜剧、悲喜剧等概念的争议和辩论，李乡浏给《赤叶河》的作者阮章竞写信请教。在回信中，他这样写道——

> 从《戏剧报》转来你给我的信，我收到一星期多了，你所提出的问题，是关于文学形式的概念，这样的定义，常常各有各的解释，在我的能力上也解答不了。因为我自己只是学写过一两个剧本或一两个别的东西，文学工作现在仍只是小学一二年级的阶段，我自己是从事其他工作多于文艺工作，你这样的问题，应该找专家来解答。

---

① 啸秋：《当前戏剧界的几个问题》，载《华北文化》1943 年 7 月 10 日革新 1 卷 4 期，第 10—13 页。

你们读的《文学概论》，我不知道是哪一本，十年前我曾读过叶以群写的。你这类的书，也看过一些。说老实话，这些书，只能得到一些常识，以现在来回忆，我也不晓得到底有什么印象。

我对文学的兴趣，是从有用、没有用，得到益处多少而定的，从来不注意文学中的概念、定义是什么，因为没有这样的时间，也不想在这些方面去浪费时间，故难以对你们有什么帮助，不过为了不做哑巴起见，把我自己杜撰出来的理解说一下：

喜剧，有好几种，有从头到尾都是给人以欢欣愉快的，它通过这些情节，让人们在这里认识一种道理，得到教育；有通过对人们感到应该是无情地鞭挞的事情或人，这种人或事件，在普通生活中是丑恶的，因而使读者（观众）感到可笑。读者（观众）在这笑声中认识这种阻碍人民事业前进的东西，这也可说是讽刺剧，作家基于真实的条件加以夸张，使人们更感到突出、集中、生动，因而感受也更深刻。

至于那些完全没有思想，没有新生活与旧生活矛盾的，完全是无理取闹的，只逗观众由于低级趣味而发笑的剧作，那不是喜剧。

悲剧，一般是指反抗不合理的生活，作品中的主人公们最后以失败，或者以死亡来结束，使观众（读者）感到这种生活的不合理而痛恨、憎恶，从而使人们对光明的向往，或者从失败中得到教训。

那些只能使人看后，感到无出路，渺渺茫茫的悲剧，是不好的作品。

悲喜剧，一般是以一种良好的希望，开始展开矛盾，从而展现悲苦的生活，再而得到幸福、欢乐的结果。

以上三种东西，在剧作中已是无法截然划界限的，因为我们戏剧不可能没有冲突，不可能没有光明与黑暗之争，很难在一个剧中找不到另一种形式的成分，往往是互相渗透，而构成喜、悲的结果，是看它的主导因素是什么。我以为可以这样区别，但这个区别也只能如此。

……

我以为仅用这三种形式，还是不能包括今天的全部剧作，因为新的生活，已打破了历史所没有的巨大变革，文学（戏剧当然在内）是反映每个时代的生活，而又是这样丰富多彩，硬以三种东西来套，往往是似是而非。因而我以为学习不要钻这种老规矩为好，对文学的研究，主要在作品给了我们什么，是好是坏，哪些东西应打击，哪些东西应学习，作品中有什么东西、什么人在鼓舞我们前进。

文学的教科书，它和科学不一样，它的名词定义不能用“水在摄氏零下就会成冰”的数字去说明。

我不是专家，所以我劝你们在学习中不要钻这种玩意儿。但你们的认真态度，我认为还是非常好的。

这三个问题我认识不清楚，只作为个人胡想出来的，对同志们不会有益的，只为了表表态度。①

之所以花如此篇幅大段引用，是因为这次回信基本反映了阮章竞对于文艺一贯的态度：不迷信固有的概念和理论，从实践出发，对创作有着更为广阔、自由的认知，这种观察的角度与方式显然是高于一般意义上的教科书，同时，他充分注意到任何一种概念都会随着生活的发展而产生新质，因此应当采取丰富而辩证的认知态度。他很谦虚地表露了自己的戏剧观，但其深入浅出的表达方式特别是里面隐含的真知灼见令人读来深受启发，而像李乡浏在文中记录的“记得，当时同学们传阅此信，有抄录，有吟读，连主讲《文学概论》的郭荫棠先生，也赞扬说：‘回复得很好，支持了我们教学！’是的，三十年前支持了我们教学，而今备课中涉及悲剧等问题，仍可重读此信，还在支持了我们教学吧”②。正说明了阮章竞对戏剧认识的过人之处。

总之，通过以上四方面的论述，我们可以看到：阮章竞既是一个跨时代的戏剧家，同时又可以称为一个戏剧理论家。他的戏剧创作和戏剧理论大大丰富了我国现代戏剧事业。唯一遗憾的是，由于种种原因，他过早地停笔，再者就是许多戏剧作品在战火中遗失，而继续挖掘、整理阮章竞的戏剧创作，探究其戏剧创作过程中的心路历程，就这样成为我们多年后重新关注其戏剧创作的原因与理路！

---

① 李乡浏：《阮章竞同志谈戏剧》，《语文教学》，1985 年第 2 期。

② 李乡浏：《阮章竞同志谈戏剧》，《语文教学》，1985 年第 2 期。

小 说 论

在许多关于阮章竞生平的记述中都曾提到，其最初的创作就涉及小说。后来，只是由于工作等原因，阮章竞开始转向戏剧、诗歌，并成为著名诗人。但文学兴趣广泛的阮章竞显然没有忘记过小说。对于小说，他有着长期的写作计划并身体力行，而以《霜天》为标志的作品可作为其创作的结晶。

一、小说的历程

按照马尚瑞《从学徒到诗人——阮章竞简传》的记录，流浪上海期间的阮章竞曾“根据父亲不幸的经历写了篇小说《割稻的故事》。小说写好之后不知向何处投寄。他居住的亭子间附近有一个青年经常见面，由熟悉而成了朋友。那位青年托他对新闻界颇熟的哥哥寄到了南京的一家日报，不久便发表了。署名啸秋”[①]。这一说法在后来关于阮章竞创作道路的描述和研究中得到了进一步确认，如刘增杰、王文金所著的《迟到的探询》中，就有“他的创作生涯开始于1935年春、夏之间，署名啸秋的小说《割稻的故事》和诗歌《故乡》，便是我们今天见到的

① 马尚瑞：《从学徒到诗人——阮章竞简传》，北京：中国妇女出版社，1984年版，第63页。

他最早的试笔”[①]；而像陈培浩、阮援朝所著的《阮章竞评传》同样认同了马尚瑞的观点，并提供了创作时间为1935年的信息[②]。其后，投身革命的阮章竞由于工作原因，同时也是现实环境等原因，在太行山生活时期主要从事歌剧、话剧、街头剧等形式的创作，其目的显然是为了能迅捷、形象、直观地演出，以适应战争年代革命文艺工作者不时随部队迁移和宣传革命、团结大众的需要。但作为一种经验、一种未尽兴书写的形式，小说创作在阮章竞心中并未就此消歇。它只是需要一个合适的机会适时而发，而从20世纪40年代后期开始构思的长篇创作就这样成为其“历史的夙愿”[③]。

阮章竞于20世纪60年代初期开始实施其小说计划，尽管这部以战争为题材的长篇在当时并不为同行所看好，但他并未动摇。1963年3月至8月间，阮章竞曾两次重回晋冀鲁豫革命根据地，为长篇小说《群山》做准备。但由于此时社会环境处于变动期，1964年至1965年间，他只是写出《群山》第一卷提纲和第二卷提纲的初稿便被迫中断了写作。而当再次提笔写作这部长篇时，已是十年之后的事情了。结合阮章竞长篇小说《霜天》（即《群山》，为阮章竞计划完成的系列长篇《山魂》第一卷）文末时间标注情况可知：该长篇“1979年夏，一卷始稿于北戴河；1980年秋，一卷初稿成于晋祠；1991年完成于北京苦噪楼”[④]。从具体开始创作到完成，前后持续了十余载的光阴。其间，《霜天》的部分章节曾发表于《时代的报告》《十月》等杂志。1997年9月，《霜天》（《山魂》第一卷）被收入“中国文联晚霞文库”在大众文艺出版社出版。“因写作时间太长，当第一卷脱稿，在社会上以‘群山’命名的书太多了，就改为《霜天》，而太行山的伟大形象，我舍不得放弃，故加了个总称‘山魂’。”[⑤]

《霜天》的出版，显然激发了阮章竞长篇创作的热情，他希望再接再厉，完成《山

① 《阮章竞评传》，刘增杰、王文金：《迟到的探询》，郑州：河南大学出版社，1996年版，第204页。

② 陈培浩、阮援朝：《阮章竞评传》，桂林：漓江出版社，2013年版，第26—27页。

③ 比如，在陈培浩、阮援朝的《阮章竞评传》中，就曾有这样的记录：“此时他已经开始构思一部长篇小说《太行山不倒》了，他的笔记中甚至记下了小说的内容框架……这部以太行山战争为主题的长篇小说从构思到完成花了阮章竞近四十年的时间，成了他晚年创作最念兹在兹的夙愿。”桂林：漓江出版社，2013年版，第111页。

④ 阮章竞：《霜天》，北京：大众文艺出版社，1997年版，第594页。

⑤ 阮章竞：《我为什么要写〈霜天〉》，《中国艺术报》，1998年1月2日。

魂》系列的“第二卷《晴岚》和尾声《青春祭》的漫长征程”[①]。只可惜，由于身体的原因，《晴岚》并未完成。除上述提到的篇章，阮章竞的小说创作还包括描写抗战的中篇小说《清晨的凯歌》和长篇小说《白丹红》。《清晨的凯歌》最初发表于《人民文学》1965 年第 9 期，时值抗日战争胜利二十周年纪念。它后来由长春电影制片厂改编为故事片《密令截击》，并于 1981 年推出。《白丹红》1997 年 8 月在北京出版社出版。该长篇分 20 个回目，共 13 万字。文末注明写作时间为：“1966 年写于‘文化大革命’前夕 1996 年 2 月 17 日—6 月 26 日为纪念抗日战争六十周年而整理”。由于《白丹红》的开头和《霜天》中第 24 回“三月春山”中的故事基本相同，且崔斗山、陶越清、单海珠同时也是《霜天》中的人物形象，所以，《白丹红》很容易给人以《霜天》姊妹篇的印象——它是从《霜天》主线中旁逸出来的一个故事，而其所写的主人公是一个日后成为英勇女战士的白丹红。

二、追求故事的深度和广度

不论从创作时间还是具体规模上看，《霜天》都是阮章竞小说中最重要的作品。《霜天》共 37 章、45 万字。内容从 1937 年 9 月八路军东渡黄河开赴抗日前线开始，写到 1938 年年底武汉失守后，八路军从太行山出击，建立和巩固冀南根据地。故事历时虽仅一年多，却有如此大的篇幅，作者显然为此付出了巨大的努力。

《霜天》是一部写实性作品，同时也融合着作者深刻的生命体验。《霜天》的写作计划自 1945 年抗日战争胜利后开始萌生，而触动阮章竞创作的是他亲眼所见日军的残暴，其虽承认侵略战争的失败，却无彻底的认罪之心。在当时，阮章竞就下定决心，立志要把“我们所亲自经历的所见所闻，择其心有深感的东西糅成小说，留给后代”。至于为何用小说来写，则是因为“小说容量大，而且宽广自由”[②]。从 1945 年有此想法，到新中国成立之初开始构思，再到 20 世纪 60 年代初期着手准备，虽由于工作和种种任务的冲击与干扰，总是无法静下心来开启真正意义上的写作，但这个梦想在阮章竞的心中从未停止过。他当然知道战争题

---

① 阮章竞：《我为什么要写〈霜天〉》，《中国艺术报》，1998 年 1 月 2 日。

② 阮章竞：《我为什么要写〈霜天〉》，《中国艺术报》，1998 年 1 月 2 日。

材的小说在当时已经层出不穷，很难写出新意，但因为警示后人的目的，他依然不改初衷。阮章竞曾于1963年两次重回晋冀鲁豫革命根据地，进行考察、准备材料，但由于历史的原因，写作受阻。“我重新写这长篇时，已六十四岁了，虽然知道自己已患了冠心病和其他一些病，但我不敢偷闲，后又得好些同志的支持，给我方便。我沿着我军出征及跃进大别山的路线和地点，花了半年多的时间，分两次进行实地考察，用《溯河千里行》《大军之路》两组诗，记述了这两次旅行。”[①]即使从写作前材料的搜集和准备情况来看，《霜天》也是一部用心之作，它融合着作者的记忆和体验，有着丰富的历史内容和相当程度的纪实特征。

为了全景揭示抗日战争的艰巨性和复杂性，阮章竞在具体叙述中将笔触伸向了故事中时间的各个角落。八路军各级指战员、国民党军队以及日本军队战时的面貌在小说中都有不同程度的刻画。在这种刻画中，有朱德、彭德怀、周恩来、左权、刘伯承、邓小平等我军高级将领，还有青年一代军官林穆、陶越清、崔斗山，以及项骊珠、单海珠等女性形象。国民党方面的阎锡山、蒋介石、卫立煌、傅作义、郝梦龄以及日本军官寺内寿一、板垣征四郎等，都得到了文学再现，且有的形象因为有语言、行动、外貌等多种描写，生动丰满。不仅如此，在书写这些形象之余，著名的平型关大捷、奇袭阳明堡、忻口会战、血战娘子关等重大历史事件也相继得以一一记录。作者显然有意选取了抗战时期最激动人心的场景，力图通过全景描绘、立体展现，以小说的形式留下抗日史诗长卷中极为浓墨重彩的一笔。

在书写宏大历史场景之余，阮章竞同样描绘了与战争同时进行的双方力量的角逐，进而在凸显战争复杂性的同时为故事增添了纵深感。众所周知，抗日战争时期，国共两党虽形成了抗日统一战线，但国民党却经常对我军及地方政权加以打压，加之日本侵略军的威逼利诱、分化瓦解，成分复杂的国民党也出现了伪军甚至是伪保安团，是以，斗争环境十分复杂。从《霜天》第18回开始，阮章竞就写了地方自卫队和群众与地主富农之间的斗争：贾忠国、贾有道、贾有福等地主富农不甘心失去往日的地位，拒绝借出部分余粮，让穷苦大众度荒闹春耕、打日本。贾忠国拒绝参会，在家排演对台戏，借助上党泽州士绅大姐夫邬子京的计谋，妄图抗拒向农民借粮。贾先是殴打抢粮群众，后是命打手开枪还击。经过一场鏖战，

① 阮章竞：《我为什么要写〈霜天〉》，《中国艺术报》，1998年1月2日。

群众终于取得胜利。至第33回“密谋”，新的问题又产生了：阎锡山新任县长史东村，在邬子京等人的“告诫”下，收编土匪，力图破坏群众活动。他的计划是制造一起“盗枪事件”，逮捕抗日自卫队队长郎两峰，杀一儆百。在他们“公审”郎两峰时，项骊珠及时赶到。她与史东村公开辩论，澄清了事实，取得了胜利……这样多方位、多角度的书写不仅突出了抗日战争的曲折与艰辛，令人读来真实可信，而且还突出了主人公的形象，增添了小说的厚重之感。

三、刻画生动的人物形象

任何一部小说，都需要通过人物形象的描写将故事支撑起来，因而，如何描写人物形象特别是主人公，历来是小说创作的重点和难点。《霜天》作为一部战争题材同时也是历史题材的小说，虽书写了众多耳熟能详的人物，却从未简单化、公式化和概念化。以我军最高指挥员朱德为例：从开始与周恩来一起分析战时形势，空袭警报响起时不到防空洞躲避而是提醒同志们防空，到与阎锡山见面，指出其面临的处境和存在的问题，讲究战略战术、国共合作，做持久战的准备，再到具体指挥、布置军队，还有和士兵、群众打成一片……总之，阮章竞调动一切可用之描写方式，通过对话、行动来突出我军司令员有勇有谋、果敢坚决又平易近人的性格特点。他深知现实之残酷，肩上使命之重大，正因为如此，其内心世界也是起伏不平甚至波涛汹涌的。在第7回“冬晨”中，阮章竞就通过大段心理描写、细节描写以及和林穆的对话等，集中展现了这位闻名中外的将军的所思所想，而其形象也由此在高大伟岸的同时，更显有血有肉、触之可及。

对比朱德这样的人物形象，阮章竞在刻画一些具体形象时也颇具匠心。林穆和项骊珠作为《霜天》中的男女主人公，是这部长篇中着墨最多的人物形象。林穆是朱德身边的年轻军官，他机智、干练、勇敢，文武兼备。既能以思想教育的方式，收服郎两峰，同时也可以提枪上马，冲到最前线、指挥战斗。与林穆相比，项骊珠因为战时情况，未毕业便投身抗日洪流之中。作为独立支队政治部主任，她有知识、有文化，坚强、独立、活泼，同时还有非常强的工作能力，自然会在群众中威望甚高。正是由于她和林穆的共同参与、支持，才顺利解决“大松树坡”事件。之后，也正是由于她及时赶到，才化解危机，粉碎史东村等人的阴谋。她的形象，曾在陈经天的眼中得到集中的展现："他原来对项骊珠的看法，首先是个女人，漂亮，文化高；第二，是个女共产党，认真厉害，善于抓本质。既然是有文化的女人，本应有女人的温柔、文弱、含而不露的蕴藉特性，可是这女人不一样，很不简单，正因为她很不简单，所以处处感到很棘手，简直是支红玫瑰，好看不好拿，一不小心就会扎手。"[①] 应当说，林穆和项骊珠是我党年轻一代领导干部的代表，他们对我党、我军的事业无比忠诚，有火一般的热情和朝气，善于应对实际生活中随时出现的一切非常情况。在他们身上，可以看见广阔的未来和胜利的前景。

在《霜天》中，个性鲜明的形象还有勇武粗豪的郎两峰，精于算计但又处于进退两难境地的阎锡山等，读后都给人留下深刻的印象。总括来说，由于阮章竞动用了多种描写手法，又将环境和人物行为的结合作了艺术化的处理，所以，整部作品的人物虽为数众多，但在进行群像式展览时，仍能做到各有特点、生动可辨。没有仅仅停留在表面，阮章竞时而以动静结合的方式，衬托人物形象，形成凝重而鲜活的阅读感受；时而以深入人物的内心世界、辅之以细节描写等多种手法，揭示人物复杂的性格特点，并最终产生故事似乎就发生在眼前、可以以亲历者的视角观察每一个细节的阅读效果。

四、穿插着生活的乐章

《霜天》虽是战争小说，但读来并不满是战火硝烟。鉴于20世纪五六十年代的当代小说总是钟情于历史特别是战争题材，作家力求在多次重复的题材中写出新意。一个最显著的标志即为，共37回的长篇小说虽符合传统的章回体体例和大众普遍的阅读习惯，但在每一回正文之前，作家都加上了一首诗或是词，如第1回"黄河"后就直接有诗《抗日将士出征歌》；第2回"雁门关下"后有词《千秋岁·雁门关》；第3回"五台山间"后有诗《清水河》；第4回"晋东道上"后有词《念奴娇·潇河》等，加之作者还有意在中间章节加入当地的民歌、大众化的歌谣，更使《霜天》取得了诗文互见的艺术效果：通过诗词穿插其间，在每回目的开头带动本节叙述，既诗意盎然，符合作家的诗人气质和身份，同时也有

---

① 阮章竞：《霜天》，北京：大众文艺出版社，1997年版，第332页。

助于提升整部小说的艺术品位，精彩飞扬。

战争显然是残酷的，正因为如此，才会更能展现人性美和人情美。《霜天》在书写战争的过程中，同样描写了林穆和项骊珠之间的爱情。林穆和项骊珠第一次相遇，彼此只是留下了较为深刻的印象。而后，战斗的客观情况使两个人一度分开，直到再次邂逅。这次两个人共事时间很长，同时，也在实际工作和斗争中经历了血与火的考验，“大松树坡”事件、解救郎两峰使二人在共同协助的过程中越走越近，直至萌生情愫。战争年代由于条件所限，青年男女很难谈情说爱，不过一旦产生感情，则十分浓烈。然而，战争是无情的，《霜天》结尾处，林穆出于形势所需要东下平原，项骊珠深知前途多艰，但仍鼓励其前行、奋勇杀敌。两个人分别时依依不舍、大声呼唤，引起群山共鸣，这情节如此感人、催人泪下。按照《阮章竞评传》所述，《霜天》的续篇《晴岚》“从1939年写到抗战胜利。贯穿人物主线还是林穆和项骊珠。写他们的爱情婚姻，设计了团长陶越清和段青梅分别对项、林两个人爱慕的三角关系，以及项、林两个人在不同地区参加整风学习的遭遇”[①]。爱情故事依然在继续，其实是为战争题材小说增添了一抹特有的亮色，而从故事本身和人物形象塑造的角度上看，这样的穿插书写也有助于生动地呈现，富于生活气息。

为了增添故事的情趣，阮章竞还使用幽默诙谐的笔法。《白丹红》的第一回“你猜嘛”（与《霜天》中第24回“三月春山”故事大致相同）就是如此：排长崔斗山在老乡家里偶遇一个扎着两条小辫子、长着大眼睛的小姑娘，小姑娘对他擦枪很感兴趣，问了枪的用处，结果是她也想用枪杀敌。崔斗山问她年龄才十二，又问她叫什么，结果猜了很多次都不对。崔斗山说了一大串姓白的女孩应当起的名字，后来又和她开玩笑，“白牛娃、白铁蛋、白锁柱、白小毛……”结果小姑娘生气了，低声告诉他叫“白丹红”，而崔斗山却故意说成是“剥——大——葱”。小姑娘“这可真恼了，双手揪住他耳朵，靠近耳孔，使劲地大声喊道：‘白、丹、红！’”这段描写生趣盎然。《白丹红》中还有记录崔斗山弟弟小八路崔小猛和富农小儿子许福生打架的情节。许福生是村里有名的“打架大王”，不想几个回合许福生被小猛打掉两颗大门牙。在几经磨炼之后，白丹红通过刻苦训练成了神

① 陈培浩、阮援朝：《阮章竞评传》，桂林：漓江出版社，2013年版，第240页。

枪手，她胆大勇敢，甚至通过自己的智慧炸死日本兵、获得了一杆枪……如果《霜天》是一部战火纷飞、具有历史追求的庄严之作，那么《白丹红》就是一个插曲，一个自由、生动、幽默但又不失故事性的“小传奇故事”，它的出现及类似的描写，增添了同时也丰富了阮章竞小说的故事性。

五、抒情、议论与正义的想象

在《阮章竞评传》中，著者曾有这样的分析——

《山魂》的写作情结其实是他的家国情怀和抗日记忆的集中体现。毕竟，他的青春岁月，全部献给了那场战争。在此之前，这个国家被欺凌近百年，他亲眼看见日军铁蹄踏入上海，直奔南京；长江南岸炮火水柱中打旋的船只；黄河大桥上拥挤呻吟的难民队伍。近百年被压抑的民族情感促使无数像他一样的青年毅然走上战场，他们是真诚地做好了牺牲的准备的。虽然是文艺干部，但他也有着强烈的杀敌梦；虽然平素写稿演出，但他也经历过战争中与死神擦肩而过的时刻。抗日记忆已经成了他的一个心理情结，他缅怀那段岁月，无法忍受当年的记忆被歪曲。①

显然，这样的解释有助于我们理解为何他多年执着、始终不忘这部长篇小说。同时，也让我们可以理解他为何会在小说中倾注那么多近乎诗意的想象、抒情以及掩饰不住的议论，而这一切都缘于他的立场和对正义的坚守。

为了能更加清晰地呈现著者这种写作特点，我们通过以下两个段落来说明——

林穆走到半山口子，仰头看见朱德立在火光映红的岩石上。一道红色强光像一道炽热的钢水，从侧面，沿着军帽、宽广的额头、略凹的眉心、微翘的鼻梁和抿紧的嘴唇，往下伸延到脚部。日本法西斯放的火，焚烧着这位无产阶级的伟大统帅的心。

① 陈培浩、阮援朝：《阮章竞评传》，桂林：漓江出版社，2013年版，第239页。

左权和林穆仰望着，但谁都没前去惊动严峻地望着火中古城的朱德总司令。

——10 空城

忧患、爱恋、死别、生离、存亡、兴衰、独立、沉沦、自由、禁锢、站立、屈膝，鲜血与烈火，文明与野蛮，严酷的战斗，悲壮的葬礼，凄凄的芳草，寂寂的坟茔，等等等等，一股脑地紧紧缠住这一代朱颜青鬓的男女的灵魂；为了砸碎压在民族头上的座座土山，他（她）们甘心情愿每天一斤小米、三钱油、三钱盐，穿着补丁摞补丁的衣服，每月领取一元津贴，而去拼杀而去死，这些，我们的后代能理解吗？

——37 雪夜·雪晨

肯定有这样的场景，肯定符合生活的真理，但从创作主体的角度来看，这些在电影、电视剧中常常出现的镜头甚至是画外音，显然是基于作家本人的主观想象：他的记忆和体验如此深刻，以至于在客观叙述过程中不自觉地融入自己的想象，甚至直接站出来发出由心而发的“议论”，而曾经的历史就这样成为其挥之不去的记忆，进而制约着其小说的叙事面貌。

综观阮章竞的文学创作，《霜天》等战争题材小说的书写同样占有重要的地位。他的小说创作，无一例外的都是献给抗日战争的祭礼。为了抒情言志，他更是将传统诗词创作，作为长篇的重要组成部分。阮章竞想以全景式的同时又是纵深式的书写方式展现抗战的艰巨和中国军民的伟大，“太行山是我的第二故乡，我的成长深深铭刻着这座雄伟群山之恩。我亲眼看见在驱逐日寇出中国，解放全中国的两个革命战争中，她和各个革命老根据地一样，做出了巨大的牺牲和光辉的贡献”[①]。因此才会对可以容纳大量信息的小说情有独钟以至于时隔多年仍念兹在兹。在《霜天》中，他动用了自己全部的文艺储备，倾心打造了这样一部巨作，而其在阮章竞全部创作中的地位和意义也由此体现出来。

① 阮章竞：《我为什么要写〈霜天〉》，《中国艺术报》，1998 年 1 月 2 日。

散文论

散文也是阮章竞文学创作的一个重要方面。鉴于散文本身种类繁多，阮章竞的散文创作至少可以从文艺批评与杂文、怀人散文和游记三个方面加以展开。这是一个开放的区域，呈现着阮章竞创作的多样性和彼此之间的关联性。

一、文艺批评与杂文

随着创作的逐步多元和不断深化，如何创作和理解创作也逐渐成为阮章竞需要关注的话题，这可作为其文艺批评与随笔出现的一个重要前提。以目前可以看到的最早的《当前戏剧界的几个问题》[①]一文为例：强调创作与批评的现实性、及时性和立场可作为阮章竞文艺批评的特点之一，同时也可以作为认知阮章竞这类散文的逻辑起点。此类文论总是和时代、文艺工作的任务紧密联系在一起，生动呈现一种目的性和指向性。经历战火洗礼，出于为革命服务的需要，阮章竞的批评始终有明确而坚定的立场，始终坚持文艺为人民大众服务，从群众中来到群众中去的理念，他的文艺批评也由此显现出针对性、功用性和使命感的特征。

---

① 该文发表于《华北文化》1943年7月10日革新1卷4期，署名啸秋。

从整体看，尤其是早期的文艺批评和相关的发言，阮章竞总会在文字中流露出一种身份意识和责任感。《群众文艺创作上的几个问题》《谈文艺创作中的几种倾向》《群众对诗人的要求是什么》《加强、开展文艺批评是当务之急》……即使从题目上看，也能让人感受到其文论是要解决某些问题、指导某一方向，具有特定的要求和追求相应的高度。然而，在另一方面，我们必须看到的是：阮章竞对于文艺创作的规律是十分清楚的，且他的经验不是来自文艺理论教科书，而是来自生动的实践，来自现实生活与对群众接受和反映的了解。他的观点和结论源于对创作实际情况的考察，有着明显的解决实际问题的意识。与此同时，他也非常讲究表达观点的方式方法，进而使自己的批评文字同样可以成为深入浅出、形象生动的作品。

事实上，对于不同读者和不同的言说内容，阮章竞一直在书写过程中有着自己的方式和方法。像《漫忆咿呀学语时——谈谈我怎样学习民歌写〈漳河水〉》《少年读书忆语》《我的写作道路》中的娓娓道来、毫无雕琢；像《致青年读者》的认真指导、毫无隐瞒——“诗的立意一定要立好，而且要反复立好，不能东拉西凑，诗意要贯通，不能像垒积木，用词用字，一定要能准确地表达感情。诗一定要有韵律，无韵诗更要讲究动态的旋律美，像行云、像流水。要多琢磨好诗为何能感动人，而不要随便拾取人家的形式，等等”①，这显然是其真诚的经验之谈；还有评价雁翼的《读〈白杨颂〉》讲究用心感悟、精到分析、观点鲜明又无避讳，至于像《与青年朋友讨论儿童文学》更是循循善诱、层层深入：在将“儿童文学”比作“二十一世纪的灵魂工程”上，他相继写道“儿童文学的社会责任”和“我对儿童文学的要求和希望”。“儿童是希望人生美满，希望有结果，有结果是对孩子希望、信心的回答和支持。特别对幼儿，我写东西没有不考虑这个问题的。孩子热爱生活，爱看好看的东西，作品一定要写得美。既要单纯，也要色彩斑斓，但不要庞杂，像调色板那样，乱七八糟。作品既要像幅好看的图画，也要像一支好听的歌。儿童诗的音乐性很重要……儿童短诗，明朗、清丽，不拖泥带水。有画，有音乐，都是不可少的……人都常以为儿童文学比大人看的作品容易写，简单，浅显。我说不然。儿童文学难写，责任更重。深入浅出的东西本来就难写。

---

① 阮章竞：《致青年读者》，《诗刊》，1991年第5期。

没有童心的人，不要写儿童读物。儿童文学家，本身就是个大孩子或老孩子。”[①]在谈心的同时讲述道理，在妙趣横生的叙述中表达理解和期待，这样的文字当然会给人以启发并受到欢迎。

除文艺批评外，阮章竞还写过一些杂文如《敌人不滚出去，就消灭它！》《五月山花红似火》《英雄的时代需要英雄的诗篇》《为革命暴力辩》等。杂文作为散文的一种在现代文学史上有着深远的传统，‘五四”以来，许多思想家、文学家、革命家都曾写过优秀的杂文。其中，最杰出的当首推鲁迅，他是开创一代杂文新风的大家。杂文的特点是短小、精悍、锋利，“夹叙夹议”“杂而有文”，是一种直接、迅速地反映社会事变或动向的文艺性论文。既然是文艺性论文，杂文就很容易和文艺批评类文章混为一体，事实上，这种情况在包括阮章竞在内的许多作家笔下都不同程度地出现过。当然，那种带有具体指向性的或者说言说对象不属文艺创作的文章归入杂文自是出于分类方便的需要。而且，由于行文目的的不同，阮章竞笔下的杂文往往更有激昂的情感、鲜明的立场，同时也更具现实的、理想的关怀。如在《英雄的时代需要英雄的诗篇》中，阮章竞就有“关心伟大的集体事业，是共产主义的风格。诗是党和人民事业的一部分。事业的发展和每个诗人是血肉相连着的。目前，我们的诗评队伍远远赶不上事业的发展要求。诗人应该参加诗评工作，为我们的诗歌开拓更宽广的道路”[②]。通过短促有力的句子，同为诗人的他向全体诗人发出呼吁和倡议，其坚定的立场、对未来的期待，不仅充满力量，而且也彰显了革命文艺工作者的身分、信念和时代、现实对文艺的需求。

二、怀人散文

阮章竞还曾写过如《缅怀舒舍予先生》《忆星海先生》《忆李季》《他永远活跃在人间——痛忆康濯同志》《山高水长——纪念茅盾先生诞辰一百周年》等怀人散文。由于所怀念的人物都是作家名士，且与阮章竞本人有着长期的交往，所以，这些文章不仅见证着同志、朋友乃至师生之间的感情，而且还具有相应的

① 阮章竞：《与青年朋友讨论儿童文学》，《文艺报》，1986年第3期。
② 阮章竞：《英雄的时代需要英雄的诗篇》，《诗刊》，1960年9月号。

文献史料价值。

《缅怀舒舍予先生》是为“纪念老舍同志85诞辰座谈会”而赶制的，因为是座谈会前几天才知道的，阮章竞在写这篇文章时并没有过多的设计。他只是从结识老舍谈起，叙述往事。在叙述中，读者可以领略到老舍向大家介绍北京美食的场景以及宫廷栗子面小窝头的来历，同时也能感受到前辈作家对新一代作家的严格要求，一如老舍曾批评过阮章竞作品中的造句与措辞。在此前提下，“在我国第一个被授予人民艺术家称号的人，是老舍先生，他是当之无愧的。过去是，今天是，将来仍然是人民艺术家”“老舍是真正的人类灵魂工程师”等判断，自然而然从作者笔端流淌出来，并令人信服地为每一个读者所感知。结尾处的“赶写这篇文章是为了缅怀我所敬爱的前辈，他留给我们是巨大的文明财富，如果他今天仍然健在，我无法估计还会增添多么巨大的文明财富，但，这已经不可能了，所以，在感到慰藉的同时，可惜两字，仍然深深地缠绕着我的心！”质朴无华，让人读到一种无限的感慨和惋惜。

《忆星海先生》是多年后回忆老师的一篇文章。1935年至1936年间，年轻的阮章竞漂泊上海。在参加抗日救亡歌咏活动的培训指挥的歌咏学习班里，阮章竞认识了冼星海先生，从此就展开了一段师生之缘。冼星海多次通过自己的言传身教鼓励阮章竞，其中为阮章竞所写的歌词《纪念柴门霍夫先生》尤为让人难以忘怀。“八一三”前夕，上海非常紧张，冼星海和阮章竞相继离开，但心中却始终装着文艺救亡宣传。几经辗转，阮章竞于武汉与冼星海重逢。“这天晚上，先生和我在剧院后台，一直谈到深夜。他希望我到武汉大学，开展歌咏工作。我告诉先生，我不想在国民党统治地区工作，请他帮助我到前方八路军去。他毫不犹豫地立即表示赞成，说我的决心很好，说他将来也要去。没有被褥，他拿了好几幅幕布叠起来给我当被子。我俩就躺在后台地板上过了一宵。”“奔赴太行山前夕，冼星海将自己的呢大衣给我，并嘱咐同行之人一定将我送至八路军中，并握手祝愿‘我们将在延安见面！’”此情此景，感人泪下。之后，阮章竞一直谨记冼星海先生的教诲，并期待在胜利那一天与其相见，谁知天不假年，冼星海1945年英年早逝于莫斯科。一别竟成永别显然是给阮章竞带来了终生难以磨灭的遗憾……通过语言、动作等描写，阮章竞勾勒出人民音乐家冼星海的光辉形象，同时也为后人了解冼星海提供了一份材料。“我是在中华民族最紧急的、最危险的时候，认识先生的。他对我的关怀和教诲，海枯石烂，我永远不会忘怀！”[①] 这过毫无保留地抒发，阮章竞对冼星海的思念和感恩之情，达到了无以复加的程度！

在怀人散文中，《山高水长——纪念茅盾先生诞辰一百周年》是篇幅最长的一篇，同时也是最具情感的一篇。正如作者在文中叙述的那样，茅盾既是阮章竞的老师，同时也是他的忘年交。因为在中国作家协会工作的缘故，阮章竞可以经常遇见茅盾，自然而然加深了彼此的了解。“在当时，不管什么风格、什么形式的作家，不少人都得到过茅盾先生这样的帮助和教诲。”为了不埋没任何一个有才华的作者，茅盾即便对于字迹潦草、错字别字堆积的手稿也一个个仔细地阅读、认真地讨论。“‘大跃进’后的困难时期，为召开第三次中国作家代表大会，决定由茅盾做文学报告。”结果茅盾的报告条分缕析、全面深入得体，一直让阮章竞感到困惑：“我一直思索：茅盾所做的这个报告中，所提到的各种文学作品，如小说，很多都是长篇巨著，是谁帮助他，给他提供了如此详尽的资料呢？”直到 20 世纪 90 年代初期，阮章竞一次参观茅盾故居，方知当时他对许多作品都进行了详细批注。而从日后出版的《中国现当代文学茅盾眉批本文库》4 卷本可知：茅盾当时就曾批注过阮章竞的《漳河水》和《迎春橘颂》。茅盾还曾同阮章竞一起到外地考察，一路上的言传身教使阮章竞深受教育。茅盾曾写过条幅——

漳河水唱翻身调，
出塞新诗颂有成，
指点江山抽彩笔，
阮郎风骨剧峥嵘。

赠与阮章竞，这被后者视为珍宝一直珍藏……从与茅盾结识到茅盾去世，《山高水长——纪念茅盾先生诞辰一百周年》文如标题，有着绵长而又深远的情意。“直到现在，他仍像高山流下的一道清泉，依然悠悠地、悠悠地流在我心中。”这句话恰恰道出了难以忘怀的情感与记忆。

---

① 笔者注：《忆星海先生》最初连载于《北京音乐报》1986 年 4 月 25 日、5 月 10 日，《新文化史料》1987 年第 1 期，均有删节。本文根据阮章竞之女阮援朝提供的完整版，系其手稿恢复的原文。

在散文之外，阮章竞还曾为怀念的师友写过诗作，如《哭李季》《歌茅公为〈广场〉题刊名》《哀悼茅盾长者》《悼康濯》等，这些诗和散文相得益彰，交相辉映，既深化了主题，又实现了多样化的表达。

三、游记

出版于1993年的《新疆忆旅》是一部游记，也是集中展示阮章竞散文风格的作品集。该文集共收录游记37篇，记录了阮章竞游历新疆的所见所闻。“新疆忆旅”的起因是1983年8月底，阮章竞接受《绿风》（时名为《绿洲》，1984年1月改为《绿风》）杂志邀请，到石河子参加第一届“绿风”诗会。尽管以前多次坐在飞机上从空中经过新疆，但亲历却是第一次。所以，从8月底到新疆参加诗会，诗人就诗意盎然，可谓走一路写一路。9月7日至18日，阮章竞继续到新疆各处参观访问，遍访南疆北疆。走天山、登昆仑，亲见了火焰山。回京后写下长诗《胡杨泪》，组诗《天山昆仑行》19首（后收入《夏雨秋风录》，1993）。另创作油画棒画27幅，国画16幅。此外，就是创作了散文集《新疆忆旅》。“新疆，本来就是我倾慕的地方。现在，我所看到听到的一切，都是新鲜的事物。虽然时间很短，但感想很多，所以做了日记，写了一些诗。这个集子里的文字，就是从日记本里整理出来的。”①

《新疆忆旅》虽是一本游记，但内容丰富。首先，是记录了阮章竞游历新疆所见的自然风光。众所周知，新疆地域辽阔，景色美丽。在新疆期间，阮章竞的足迹遍及南疆北疆，有着清晰的线索：从乌鲁木齐到“绿色之城”石河子，从大泉沟水库到紫泥泉，还有伊宁、巩乃斯河谷和喀什、吐鲁番，他走天山、登昆仑，亲见了火焰山、雪山、沙漠、戈壁、沼泽。他笔下的北疆“太美丽、太富有了”(《伊宁》)，“需要有志气、有作为的人，到那里大显才华”；他同样向往南疆，正如他在文中自言的“看过天山而不看昆仑，访问过北疆而不访问南疆，对像我这样年纪的人来说，是再没有机会的了”（《飞往南疆》），他希望能尽量看到更多地方并用笔记录下来，而其笔下的美景不仅满足了作家本人，同时也常常令读者陶醉——

① 阮章竞：《在祖国的云天上》，《新疆忆旅》，北京：中国环境科学出版社，1993年版，第1页。

> 昆仑山的云，是透明的，好像是飘着的白天鹅的羽绒。昆仑山的秋月，也是透明的，月中的山影，好像是能透出月背那边的太空。昆仑山的秋夜，牧犬在睡觉，牛羊在反刍，宁静、深沉，绵绵渺渺。
>
> ——《新疆忆旅·姐妹俩》

其次，记录了新疆的人文景观和风土人情。新疆是古丝绸之路的重要通道，在这里有像喀什这样的古疏勒国都城，有需要考辨的香妃墓，有盘橐城遗址、疏勒古城、班公泉，还有高昌·交河遗址、火焰山的千佛洞……每到一处遗址，阮章竞都在记录见闻时将自己对历史和文化的感怀写入其中。“站在高昌遗址，使人想起多少往事？在漫长的岁月里，这里曾经是中国古代许多民族的头领们，争雄角逐的流血舞台。匈奴日逐王归服汉朝后，天山南北，葱岭和巴尔喀什湖及其以东以南的大片土地，都属祖国版图。统一、分裂、和亲、入侍，都是华夏民族自己的家庭纠纷。这些，俱往矣！今天，各族儿女，都在为加快新疆的现代化，一起在沙漠、戈壁、雪岭、冰川，流汗流血，献出一切聪明才智。”（《高昌·交河遗址》）在记录人文景观的同时，《新疆忆旅》还书写了新疆各地的风土人情。像《紫泥泉》中记录的野餐，哈萨克族姑娘跳舞助兴；野餐之后，看到的则是《姑娘追·叼羊》中的场景：姑娘追、叼羊，是哈萨克族充满勇敢精神和爱情欢乐的节目，也是汉族人神往的节目……通过这些片段的书写，《新疆忆旅》充满了浓郁的生活气息和民族气息。

最后，歌颂边疆战士忘我的精神，触及环境保护主题。在《天山深处》《雪线下的主路大兵》《登上天山望天山》等作品中，阮章竞的书写既突出了戍边将士的英雄形象，同时也写出了为建设新疆而忘我工作的士兵形象，他们是“世界上唯一的最伟大的军队！”他们理当受到赞颂。而在《绿城之晨》《吐鲁番治沙站》等作品中，阮章竞则写出了兵团开垦绿洲的往事，在他们的努力下，石河子这个沙漠中的绿洲终于建成，并成为一座“绿色之城”。同样堪称壮举的还有治沙工程，通过不懈的劳动和有针对性的施策，引入沙拐枣，治沙取得了成功，且同时完成了生活的自给自足，其意义和价值自不待言。

阮章竞后来曾多次在作品中提到此次新疆之旅的体验并触及新疆之行对其写作的影响。“为了写好去新疆的诗，我最近还到了南疆，登上了昆仑山。当时的困难很大，许多同志劝我不要登山了，我还是坚持登上了三千四百公尺的高处。没有实地考察，没有真实感受，怎么会写出来好的作品呢？”[①]“1983年秋天，四进天山，二上昆仑，我看到了绿化戈壁，征服沙漠的可能。但是，必须有多少世代人的艰辛努力。我的写作道路，几乎都是在走过的旅途上所采撷的片叶小草，所拾取的石块碎岩。”[②]新疆之行满足了阮章竞对这片神奇土地的向往，同时也激发了他的创作欲，他的许多诗作都是此行所得，散文集《新疆忆旅》更是一次文化行旅的结晶。

---

① 刘增杰：《漫长的诗歌之旅——阮章竟访谈录》，刘增杰、王文金：《迟到的探询》，郑州：河南大学出版社，1996年版，第22—23页。

② 阮章竞：《我的写作道路》，《北京文学》，1991年第2期。

回忆录论

在戏剧、小说、散文之外，阮章竞还写有回忆录。按照阮援朝在《异乡岁月——阮章竞回忆录》（以下简称《异乡岁月》）的后记中所说，她通过整理父亲遗稿发现了阮章竞“回忆录计划”，阮章竞本打算写五部回忆录①。但从最后完成的情况来看，阮章竞只完成了前四部。这四部回忆录合在了一起出版，即为今天我们看到的2012年10月在人民文学出版社出版的《故乡岁月》，以及2014年1月在文化艺术出版社出版的《异乡岁月》。本文以“从故乡到异乡”为题论析其回忆录的写作情况，从表面上看是取自两本回忆录的书名，但实际上也暗合了其回忆录的时间顺序。

---

① 即“第一部：童年——学徒——太古号”“第二部：大上海——抗日救亡——战争（上太行）”“第三部：太行山上——余烬在天边冒烟”“第四部：解放战争”“第五部：另外一种相逢”，第五部在阮援朝整理时未发现文本。阮援朝：《异乡岁月——阮章竞回忆录·后记》，阮章竞口述，贾柯夫、方铭记录、整理：《异乡岁月——阮章竞回忆录》，北京：文化艺术出版社，2014年版，第246—248页。另，由已出版的两本回忆录对照阮章竞的计划和阮援朝提供的信息，《故乡岁月》应是计划的第一部；《异乡岁月——阮章竞回忆录》则融合了计划的第二、三、四部。

一、翔实的半部“自传”

按照现代传记理论，“回忆自己的经历或见闻并且用文字记录下来就是回忆录”[①]。回忆录的定义决定其可以纳入自传、纪实文学等范畴中去。在论述较为详尽的《现代传记学》一书中，著者杨正润曾将“回忆录”归入“亚自传”的类别之中[②]。之所以是“亚自传”，是因为其有些文本的自传特征并不十分典型：如果是以自己为主人公、以叙述自我为目的，那么，这类可称之为自我回忆录的文本自是可以归入“自传”；如果是以某一重要事件或某一特定时代为主要叙述对象的“回忆录”，其可否归入“自传”则主要应当考察著者本人在其中占有的内容比重，但在多数情况下，其已不再是典型自传而只是其“边缘形态”；如果是以亲友等熟悉的人物为对象的“回忆录”，虽可列入“传记”，但其实已转化为相对于主人公的“他传”……上述情况显然都在说明，“回忆录”进一步的类别划分和范畴归属，只能取决于具体的文本实际并在实践中解决。

“回忆录”以亲见、亲历和亲闻为基石，通过文字再现见闻和经历，内容呈现和形式表现自由灵活。“回忆录”可有自我回忆录、事件回忆录、时代回忆录、亲友回忆录以及复合回忆录（即采用前述的两种或两种以上的叙述形式，具体可以夏衍的《懒寻旧梦录》等为例）等多样的形式，生动反映了回忆内容的多样性和可选择性。“回忆录”只要写出自己熟悉的、记得清楚的和想要表达的内容，允许因遗忘和回避而造成的记忆省略和空缺。这使“回忆录”常常呈现出片段式的和阶段式的特点，呈现内容上也可零散而不集中，并可以依据自己的意愿，兴之所至、自由随意地组织内容、选择形式。

综上所述，再看阮章竞的《故乡岁月》和《异乡岁月》，因为两者都是自我回忆录而可以归入自传。从出生到儿时成长，到为了生计远离故乡来到上海，再到投身革命，战斗在太行山区……《故乡岁月》和《异乡岁月》在时间上有十分紧密的联系性。《故乡岁月》构思于1970年冬天，至1979年冬由出版社约稿而开始写作，后因出版社“改变计划”“未能在1985年完稿时出版。2012年在家

---

① 杨正润：《现代传记学》，南京大学出版社，2009年版，第417页。

② 杨正润：《现代传记学》，南京大学出版社，2009年版，第417页。

乡中山市的帮助下，才由人民文学出版社出版”，使“这部延宕27年的作品终于得以与读者见面”[1]；对比《故乡岁月》，《异乡岁月》显得复杂了许多：《异乡岁月》分“大上海”和“太行山”两部。第一部“大上海”动笔于1986年春，是由阮章竞口述、贾柯夫记录整理[2]；第二部“太行山”写作时间为1988年5月左右到1989年7月中旬，也是由阮章竞口述，记录整理人为方铭[3]。与《故乡岁月》相比，《异乡岁月》因为有人参与整理似乎从作者身份上略有不同，不过，“大上海”和“太行山”都经过阮章竞阅读、圈改，就文字的可信度上看并无区别。

《故乡岁月》和《异乡岁月》内容翔实，详细地记录了新中国成立前阮章竞的生活道路。《故乡岁月》三卷五十一章，共计二十四万余字，记录了从阮章竞出生、童年、少年直到离家奔赴上海的成长历程。《异乡岁月》共两大部分二十余章，共计二十万字，不仅记录了阮章竞漂泊大上海的经历，还回忆了阮章竞到太行山区参加革命，“初学创作”、组建太行山剧团以及创作的经历。两者加在一起，跨度三十余载，整体上可作为阮章竞的半生自传，记录了阮章竞前半生多个重要“人生节点”，是研究阮章竞生平道路的重要文献，对于了解阮章竞的性格、气质特别是如何走上创作之路和革命道路有着重要的价值。

二、史料价值及其多样的构成

《故乡岁月》和《异乡岁月》作为阮章竞的回忆录，具有非常高的史料价值。关于现当代作家传记是文学史料这一结论是不难理解的，早在1985年，马良春就曾在其《关于建设中国现代文学“史料学”的建议》一文中，将现代文学的史料进行了分类，其中，“第五类”为“传记性史料”“包括作家传记、日记、书信等”[4]。而对于作家传记来说，最常见的一种划分即依据“著者身份”，可以将现当代作

---

① 阮援朝：《后记》，阮章竞口述，贾柯夫、方铭记录、整理：《异乡岁月——阮章竞回忆录》，北京：文化艺术出版社，2014年版，第246—248页。

② 贾柯夫：《我不能忘记的阮章竞》，阮章竞口述，贾柯夫、方铭记录、整理：《异乡岁月——阮章竞回忆录》，北京：文化艺术出版社，2014年版，第32页。

③ 方铭：《关于记录整理阮章竞回忆录太行山的情况说明》，阮章竞口述，贾柯夫、方铭记录、整理：《异乡岁月——阮章竞回忆录》，北京：文化艺术出版社，2014年版，第244页。

④ 马良春：《关于建设中国现代文学“史料学”的建议》，《中国现代文学研究丛刊》，1985年第1期。

家传记分为“自传”和“他传”两大类。“自传”由于著者和传记主人公身份一致、数量相对少而成为一种最易识别的传记形态。现当代作家自传依据其写作实际，还包括回忆录、口述史等“亚自传”形态。综上所述，《故乡岁月》和《异乡岁月》因属于回忆录和自传而具有史料价值且处于“最高层次”。正如在《中国文学史料学》一书中，著者在“文学史料的层位及其价值评判”的论题下将文学史料分为三个层次，即“一、第一层位的文学史料”，指“作家本人的著作，群体性文学活动的当事人或事件的目击者的撰述”；“二、第二层位的文学史料”，指“同时代的非当事人的记录”；“三、第三层位的文学史料”，指“根据前代遗存的史料进行综合、分析、取舍而写成的资料性著述”。结合三个“层位”的划分，我们可以很清楚地判定，可以收入作家全集或文集的“自传”及其相关文字是第一层位的文学史料，史料价值最高，是研究该作家重要的文献基础。

回忆录史料价值高首先是因为其出自传主本人之手进而抵达了一种不可替代的真实，尽管就自传写作的经验来看，任何一种真实都只能归结为“相对的真实”。通过回忆而实现的自我讲述包含许多他人无法获悉的信息，同时也具有非常真实的人生体验。在回忆录中，著者本人会回想起自己最深刻、最有情趣或是留有强烈印象的往事，这显然对研究著者本人的生平、成就有着重要的意义。通过阅读阮章竞的回忆录，可以知道这位出生于广东中山的南方人，自幼受到民间文化的熏陶，他从小喜欢画画、爱好音乐，有强烈的求知欲；因家境原因，他虽读书不多，当过油漆学徒工，但对于绘画的梦想从未放弃。来到上海之后，他在条件允许的范围内阅读大量书籍、接触新思想。1935 年至 1936 年间，在上海参加抗日救亡歌咏活动，结识冼星海，对阮章竞未来走上革命文艺的道路有着重要的意义。还有他如何走上文学之路、如何成立太行山剧团；如何从排演别人的作品到转为自己动笔创作，以及戏剧《上前线》《和尚岭》《红巾》为何停演；自己如何边教书，边学习和写作……这些丰富的史料，只有阅读《故乡岁月》和《异乡岁月》方能知晓。

《故乡岁月》和《异乡岁月》记录的时代，正值中国社会的现代转型，其间又有抗日战争、解放战争，阮章竞将这一阶段经历记录下来，本身就具有历史的价值。何况，他还和很多文化名人结识、交往，而自己也在不断成长的过程中成为革命文艺的骨干、领导和涉猎面甚广的著名作家，因此阅读《故乡岁月》和《异乡岁月》同样有助于我们从侧面了解那个时代的社会史和文化史。以太行山剧团的成立和演出经过为例：从 1938 年 1 月 1 日，同李果谌一行到陵川的国民党第十三军游击司令部政治部，教唱歌、画画，到 4 月，部队领导人朱瑞发现阮章竞会搞文艺。4 月 23 日，经一段时间筹建，在晋城成立第十八集团军第八路军晋冀豫边区太行山剧团（简称太行山剧团），刚成立时共 25 人。阮章竞被调至该团工作，多使用笔名“洪荒”，先后任剧团政治指导员、艺术指导员和团长职务。同年夏天，出于工作的需要，阮章竞开始写剧本。7 月，创作完成独幕话剧《周年》，这是作者的第一篇剧作，署名洪荒。9—10 月，创作二幕话剧《太阳出来了》和《打鬼子去》。10 月，创作《保卫抗日根据地》（三幕话剧）。在这幕剧中，他第一次采用当地民歌《卖扁食》的曲调，填了一首《秋风曲》，获得成功，这是诗人保存下来的一首诗[①]。后收入《阮章竞诗选》（1985）。“这次尝试的初步成功，使阮章竞开始对民歌发生了兴趣。”[②] 同月，太行山剧团沿太行山主峰进行保卫抗日根据地的流动演出。此次流动演出历时三个月，行程二千五百里。这对了解抗日战争中，太行山剧团的历史和革命文艺的创作有着重要的意义。而在 1986 年太行山剧团结束 40 周年，阮章竞受邀相聚山西太原、座谈编写团史，并写有《风雨太行山——〈太行山剧团团史〉序》，自是与其亲历过的历史有关。

除此之外，在成书《异乡岁月》中，还收有大量的附录，如《致吕骥的信》《忆星海先生》《为回忆录〈大上海〉写的时间提纲》以及《风雨太行山——〈太行山剧团团史〉序》等，都使回忆录本身的史料价值呈现出多元、开放的状态。

三、充满情趣的回忆和生动的形象

《故乡岁月》和《异乡岁月》以阮章竞为“故事”的主人公，讲述其从童年到成年的成长经历，出于作者自身的作家身份，叙述在具有史料研究价值之外，还可以带给人文学阅读的快乐。

回忆显然是美好的，回忆童年更是充满乐趣。从“故乡的山山水水”开始，

---

① 这些经历，均可参见阮章竞口述，贾柯夫、方铭记录、整理：《异乡岁月——阮章竞回忆录》，北京：文化艺术出版社，2014 年版中的相关记录。

② 刘增杰、王文金：《迟到的探询》，郑州：河南大学出版社，1996 年版，第 205 页。

阮章竞进入关于自己的世界，其生动的形象也由此确立。他是如此期待上学，然而家庭条件并不允许，是以，在第四章“我要读书”的结尾，当知道父母无可奈何之下骗他说可以读书而未成时，他的哭声真实、入心入里。终于可以读书了，他去了鼒琨学校，后到了作新学校，学校里遇到的一切都被他传神地书写，这可以从侧面反衬出他对于儿时教育的深刻印象。第十章“大坏蛋——陈锡”不论从选题还是写作，都充满了孩子气：受到诬陷的阿竞，有些怒不可遏；他虽打不过陈锡，但其眼神却将进犯的陈锡吓退。“我恨极了陈锡，总想要报仇。怎样报仇呢？没有别的法子，我虽然不大相信鬼神，但是，为了出这口气，我是这么蠢，却去求神帮助。”生气的阿竞不知道陈锡的生辰八字，但却将自己的怨恨和陈锡的恶劣品行全写在黄纸之上，向山神爷祷告——

> 陈锡　二十一岁　中华民国　中山县隆都　象角乡陂下人　作新学校教员　道德败坏　丧尽天良　听信谣言　冤枉好人　毒打学生　人间无公道　只好求山神爷　大显神通　严惩这个斯文败类

从书中描写的结果看，诅咒并没起到任何作用。“虽然怀着强烈的报仇气愤，但我心里知道，哪有神灵鬼魂啊？这是自己蒙受了不白之冤，无法报仇，才干的蠢事啊！老老实实地说，我到现在还不能原谅这个大坏蛋！”[①] 从这段令人发笑的描写中，我们不难看出，年少的阮章竞正直不屈，他倔强不屈、敢于抗争的精神由此可见一斑。

儿时的故事总是说也说不完，但儿时的故事却可以看到未来成长的可能。阮章竞入徒学画的描写是十分传神的，他之所以选择去当油漆学徒，原因之一是为了生存，另一个原因则是这个行业有画工。他在学徒期间偷偷地学画，通过看画、学画、练画，他确实长进了不少，也享受到了其中的快乐。当然，他晚上偷偷练画也耗费了不少煤油并被老板发现；为了不让老板发现，他把煤油灯藏在木箱里，只一面有光，一旦老板回来开门，就把灯吹熄，这样老板确实没有发现。但刚刚吹灭的煤油灯是有煤气味的，老板闻到后还是质问了他，结果，他又想出了把正

---

① 以上引文均见阮章竞：《故乡岁月》，北京：人民文学出版社，2012 年版，第 49—53 页。

门楼上的板窗门关严，这样灯光就漏不出去了；如果把大门插上门闩，让老板打门叫门，自己提灯开门，就更加自然、看不出了……学艺之路真是充满了乐趣，同时也装有儿童特有的人生智慧，正是有这样的经历和执着的精神，阮章竞才会成为一个文艺工作者，而其经历也显得自然、生动，充满乐趣。

与《故乡岁月》中的童趣相比，《异乡岁月》显然成熟了许多，也沉重了许多。当然，造成《异乡岁月》如此特点的是不是与它是由他人记录、整理也未可知。《异乡岁月》是身处异乡阮章竞的故事，同时也是革命年代的故事。《异乡岁月》写了阮章竞如何走上创作的道路与最初的实绩，其中，被敌人包围、从瀑布上往下跳的一段写得很传神：负伤挨饿的时候，阮章竞仍然关心自己的手稿——

> 吃土豆的时候，我用手摸了摸口袋，发现刚写好不久的《未熟的庄稼》的手稿还在。手稿是用紫颜色的颜料所写，我担心把手稿弄坏，还拿出来看了看。

然后是没有麻药动手术，并由此获得新的领悟……在艰苦的战争年代，这些经历真实、可信，但作为文艺工作者的责任感、作家对自己作品的珍惜特别是坚强的战士品格和形象，却通过这些，生动、形象地确立了起来。

四、“地域性”的意义

即使从题目上看，《故乡岁月》和《异乡岁月》仍包含了空间的转换与穿行。客观地看，从南方到北方后，会有一个生活习惯的改变，而出于创作效果的考虑，阮章竞要完成语言习惯的改变更是一个难题。正如后来一篇纪念性文章指出的：“阮章竞是南方人，他从小使用的是属于粤方言区的汉语。要能够自如地使用北方语言，比赵树理等人要困难得多。但是，我们今天读他的作品，仍然可以感受到其突出、生动、流畅，充满了生活气息的现代汉语之美。”[①] 跨越方言的障碍，成为一位可以熟练使用北方地方语言进行创作的人，阮章竞付出的努力是可想而

---

① 杜学文：《漳河水，水流长——纪念阮章竞百年寿辰》，《山西文学》，2014 年第 2 期。

知的，而其生活道路和文学创作也由此显露出特有的“地域性”。

按照《故乡岁月》序言中的说法——

生活在北方比生活在家乡的时间长得多，阮老离开家乡足有六十四年，动笔写《故乡岁月》时他已离开家乡整整三十六个春秋。能如此精确如此生动地描写状述遥远的故乡生活，时事背景、伦理人情、山川地理、时岁习俗，无一不栩栩如昨，倘只归结为超强的记忆力是不客观不准确的。比之其时纷繁诡谲的世情，童年的生活则要单一纯净得多；比之其时个人命运从清到浊不可捉摸，少年时代的追求奋斗则是从茫茫暗夜走向曙色拂晓；比之其时两鬓渐白晚号声声，青春萌动的年华则是阳刚健旺有作有为。两相比照，映衬于心，着墨于笺。我读到了眼下风清气朗而远处却是隐雷阵阵催逼。从这一个年代回望那一个年代，从已经熟悉的北方梦回依然熟悉的南方，五十六岁的阮章竞要寻找的岂止是一个中山、一个沙溪、一个象角！[①]

《故乡岁月》以发自内心、真切的情感，南北夹杂的描述，实现了对故乡和儿时的回忆，同时也以精彩准确的方式“补回了一段中山现代史”。它与《异乡岁月》相得益彰，既完成了成长的经历，又以“相互比照”的方式记录了地域的迁徙、生活的改变，它的地域性不仅有一般意义上的地方色彩及其转换，还有更为深刻的丰富性和历史性！

对比《故乡岁月》中的南方书写，《异乡岁月》呈现了另一番图景：从北上大上海到再次北上太行山，在战争岁月中成长。虽然《异乡岁月》更多地记录的是太行山的生活，更多与成为戏剧、诗歌工作者的阮章竞有关，但从字里行间，还是可以感受到北方的季节、风情以及文化。比如，在写太行山剧团工作的过程中，阮章竞就曾写过其许多作品诞生地漳河的景色——

辽县位于漳河边。漳河分清漳河与浊漳河两部分，清漳河发源于和顺、

---

① 郑集思：《从象角村流出的九十九道湾（代序）》，阮章竞：《故乡岁月》，北京：人民文学出版社，2012年版，第2页。

> 辽县一带，浊漳河发源于沁县、襄垣一带。两条河在曹操操练水军的邺县境内汇合。邺县现今还存有孔雀台遗址。清漳河水是清澈的，而浊漳河的水却是混浊的。浊漳河一带植被较少，水土流失严重，清漳河所经地区，山林繁茂，风光旖旎，有点江南水乡山清水秀的味道。我们到了辽县，也就是在清漳河的流域里，空气清新，气候宜人，风景秀丽，心情感到无比舒畅。因为这样的地方在太行山地区并不多见。辽县一带的山峰极高，形势险峻，有北方高山的雄伟，又有南方山陵的诡巧。我们在这鸟语花香的地方，开展了一场轰轰烈烈的群众戏剧运动，组织农民自己演戏。[1]

太行山的环境为阮章竞的创作提供了便利条件，同时也为其提供了民间文化和地方经验，他的名篇《漳河水》就是博取众多民歌之长并融入自己创作的结晶。如果《故乡岁月》所写的南方是阮章竞的生命之地、为其提供了日后走上文学之路的经验和资源，那么，《异乡岁月》所写的则是阮章竞成长的图景，呈现的是异乡见闻特别是如何熟悉异乡的过程。南方是无忧无虑的、快乐自然的，北方是多姿多彩的、激情岁月的；南方是优美的，北方是崇高的力量之美，结合阮章竞的经历，用美学风格上的概念去概括他从故乡到异乡的经历似乎也并不过分。

总之,《故乡岁月》和《异乡岁月》既是阮章竞的回忆录,同时也是两部精美的、质量上乘的文艺作品。两者合在一起，不仅记录了阮章竞的生活道路、创作经历，而且还以不同时段的方式揭示了阮章竞的思想轨迹。它们是不可多得的传记作品，对于研究阮章竞和相应的社会历史有着重要的意义和价值。

---

① 阮章竞口述，贾柯夫、方铭记录、整理：《异乡岁月——阮章竞回忆录》，北京：文化艺术出版社，2014年版，第97页。

第三章

现状与可能

阮章竞研究现状考察

从某种意义上说，阮章竞研究现状考察是一次全新的探索。相比一个作家创作的研究特别是已呈现较为成熟状态的研究，研究现状考察作为“研究之研究”是一个十分重要但又极易被忽略的研究。但研究现状考察绝非简单意义上的研究综述，其目的和有效地展开应当是发现作家研究的历史化进程及其存在的问题，在促进作家研究的同时深化文学史已有的结论，为作家研究的“再出发”奠定坚实的基础。

一、三个阶段的划分

纵观阮章竞研究的发展过程，我们可将其大致分为三个阶段。

第一阶段，传统文学史意义上的“十七年”。这一阶段是阮章竞研究的开端，主要包括闻山的《谈〈漳河水〉》和丁力的《谈阮章竞的叙事诗》两篇文章。闻山的《谈〈漳河水〉》发表于1954年《文艺报》第6号，主要论及了阮章竞《漳河水》的艺术特色，分析了主人公形象。在闻山看来，“作者对他的主人公的命运有深切的同情。作者对紫金英——这受折磨最多的中国农村妇女感情最深，写得也最感人”。因而，对于紫金英也分析得最为全面透彻。该文在结尾处肯定了阮章竞创作《漳河水》过程中严肃认真的态度，并认为这也是其取得成功的关键。与闻山的文章相比，丁力的《谈阮章竞的叙事诗》发表于1959年《诗刊》第2期，主要分析了《圈套》《漳河水》《金色的海螺》《牛仔王》和《虹霓集》中的叙事诗。这篇文章的特点是第一次从叙事诗的角度论述阮章竞的创作并从评论的角度“初步圈定”了阮章竞的叙事诗，这种作品认定的做法在之后研究阮章竞的文章中也得到了延续[①]。

第二阶段，20世纪80—90年代。“文革”的结束和新时期的到来为现当代文学研究带来了新的机遇，阮章竞研究也由此焕发了生机。早在70年代末期，谢冕、孙绍振就分别写有《解放了的漳河永欢笑——谈谈〈漳河水〉》和《阮章竞的艺术道路》，可视为80、90年代阮章竞研究的“先声”。除现当代文学史和一些专题研究之外，80、90年代阮章竞研究的论文共计15篇。从这些论文写作情况来看，《漳河水》和诗歌创作仍然是阮章竞研究的重点。《漳河水》和诗歌创作研究文章的数量多且不断呈现深入、扩展的态势，与阮章竞创作成就的突出部分一致，反映了研究者对于阮章竞创作的一种共识。马尚瑞的《解放区诗歌创作的两颗明珠——〈王贵与李香香〉和〈漳河水〉艺术形式分析》、周希沼的《诗苑双璧 各有千秋——〈王贵与李香香〉和〈漳河水〉艺术成就比析》更是以比较的形式，将《漳河水》和解放区诗歌代表作《王贵与李香香》放在一起，深化了《漳河水》的同时也是解放区诗歌及其民族化、民间化的探索实践研究。

在这一阶段研究中，刘增杰的《走向诗歌的漫长旅程——阮章竞谈话录》是值得重点强调的一篇文章。该文发表于《许昌师专学报》1985年第3期。后收入刘增杰、王文金的《迟到的探询》一书。该书于1996年3月在河南大学出版社出版，出版时不仅收录了《走向诗歌的漫长旅程——阮章竞谈话录》全稿（与1985年的发表稿相比多出许多文字），而且还收录了《阮章竞评传》《阮章竞文学活动年表》。其中，《阮章竞评传》后附“阮章竞主要作品集”“阮章竞研究资料要目”。《迟到的探询》收录的关于阮章竞研究的三篇文章以及附录，既为阮章竞研究提供了详细的参考文献，同时也为后来的阮章竞研究提供了新的道路：访谈、评传、

① 如刘守华的《艰难的探索——论阮章竞的叙事诗》，《长江学术》，2007年第2期，就在论阮章竞的叙事诗时就以1947年发表的《圈套》、1949年发表的《漳河水》、1955年发表的童话诗《金色的海螺》为主。

年谱以及文献整理，使阮章竞研究进入文献学研究的阶段，其成果至今仍为阮章竞研究者所关注。

在第二阶段研究中，还有李乡浏的《阮章竞同志谈戏剧》（《语文教学》，1985 年第 2 期）、杨一中的《论阮章竞的戏剧创作》（《西北师院学报》，1985 年第 4 期）和齐荣晋的《阮章竞与歌剧〈赤叶河〉》（《新文学史料》，1996 年第 4 期）等文章值得关注。戏剧创作同样在阮章竞文学整体创作中占有重要的地位，对其戏剧创作进行研究和文献资料整理显然丰富了阮章竞研究。此外，马尚瑞于 1986 年 4 月在中国妇女出版社出版的《从学徒到诗人——阮章竞简传》，是第一部阮章竞传记。由于客观原因，该书虽未完整记录阮章竞的一生，但其开启之功，不可忽视。

第三阶段，21 世纪前二十年。阮章竞于 2000 年 2 月 11 日病逝，出于对老作家的怀念，2000 年 3 月 2 日，《光明日报》就刊登出梵扬的文章《人去精神传——悼念阮章竞同志》。2001 年 2 月 27 日，由北京市作协主办的纪念著名诗人阮章竞暨《晚号集》首发式在京举行。会议上的发言后除单篇形式部分发表外，都收入李容焕、余丛、阮援朝编的《永远的阮章竞》。《永远的阮章竞》于 2013 年 12 月在暨南大学出版社出版并于 2014 年 1 月 9 日在阮章竞故乡沙溪隆重举行首发式暨纪念阮章竞先生诞辰一百周年座谈会，该书分“卷一 还我本色”“卷二 晚号嘹亮”“卷三 诗画人生”“卷四 无尽怀念”四卷，另有“编后记”。共收录回忆与评论文章 52 篇。2014 年，是阮章竞诞辰一百周年。除以上提到的首发式及纪念活动之外，2014 年 1 月 20 日，由中国作协主办的“阮章竞百年诞辰纪念座谈会”在中国现代文学馆举行。中国作协主席铁凝、中国作协副主席高洪波、北京市作协主席刘恒等参会。会后，许多重要刊物刊载了“纪念专栏”和“研究专栏”：如 2014 年 5 月，《文艺理论与批评》第 3 期刊载“阮章竞研究”专辑。该专辑发表铁凝的《在阮章竞百年诞辰纪念座谈会上的讲话》，涂途的《心中流淌漳河水——纪念阮章竞诞辰百年》，艾斐的《感应时代脉动 激扬民族精神——论阮章竞文学创作的思想特质与价值取向》，阮援朝的《珠江游子太行魂》共 4 篇文章。同月，《新文学史料》第 2 期“历史现场”专题，发表刘恒的《在阮章竞纪念会上的个人发言》，尹一之的《党性的光辉——阮章竞同志在〈诗刊〉》两篇文章。同月，《中国现代文学研究丛刊》第 8 期刊载“纪念阮章竞百年诞辰”

专辑，发表谢冕的《〈漳河水〉的写作与艺术风格》，屠岸的《阮章竞的非凡艺术成就》，陈培浩的《阮章竞诗歌的民族化探索及悖论》共3篇文章。9月，《新文学评论》第3期推出“阮章竞百年诞辰纪念”，刊载3篇文章。具体为：刘守华的《从〈漳河水〉到〈金色的海螺〉——献给诗人阮章竞百岁诞辰》，阮章竞的《阮章竞致刘守华论诗书简（1963—1982）》，阮章竞的《边读顺写下的参考意见》。这些活动、文章和合集，凸显了21世纪以来阮章竞研究的一个重要方面或曰特色，此即为以亲友回忆、纪念的方式，在叙述往事的过程中实现作家作品的研究，具有非常高的文献史料价值。

谈及文献史料，青年学者陈培浩的研究是值得关注的一个重要方面。他与阮章竞之女阮援朝合著的《阮章竞在建国后十年的若干史料》（《新文学史料》，2013年第1期）、《文学苦旅——阮章竞小传》（《中国作家》，2014年9月上半月号），都是阮章竞研究的重要史料。2013年4月，陈培浩、阮援朝合著《阮章竞评传》作为“《中山文艺家评传》丛书”之一，在漓江出版社出版。该书正文十六章，另有“结语：万般辗转是诗心”和“后记”以及“阮章竞主要著作书目”，共计22万字，是研究阮章竞的重要参考文献。

除上述研究之外，21世纪以来阮章竞研究还包括童话诗研究，如刘守华的《从〈漳河水〉到〈金色的海螺〉——献给诗人阮章竞百岁诞辰》（《新文学评论》，2014年第3期），黄雪敏的《童真与诗心的空间：阮章竞的童话诗探微》（《广东技术师范学院学报》，2014年第5期），徐亮红的《精神家园的守望者——阮章竞童话诗歌人物“原型”探微》（《重庆科技学院学报》，2016年第8期）等。回忆录研究如胡波的《阮章竞笔下的民国中山社会——以〈故乡岁月〉为中心》（《粤海风》，2014年第5期），小说研究如赖洪波的《抗战史诗的青春书写——浅析阮章竞小说创作及其当下意义》（《文艺理论与批评》，2015年第4期），以及作品改编研究如吴振尘的《动画片〈金色的海螺〉的改编艺术》（《大舞台》，2015年第7期），史实考证如亚思明的《阮章竞与〈人民日报〉的“笔墨官司”》（《新文学史料》，2016年第3期），等等。这些成果充分显示了阮章竞研究已呈现深入和拓展的趋势。

二、以诗歌和代表作《漳河水》为突出内容

从对阮章竞研究三个阶段的描述过程中，我们已经看到诗歌研究特别是《漳河水》的研究一直是阮章竞研究的重点。这一点不论从现当代文学史的评价还是阮章竞创作实绩来看，均符合阮章竞实际的创作情况。阮章竞的文学道路基本上是从太行山剧团的戏剧开始，后逐渐进入诗歌、小说、散文、回忆录的领域，但诗歌创作是其成就最高同时也是引起读者广泛关注的门类，因此，其研究也相对具体、充分。

通过统计可知：在由他者撰写的关于阮章竞创作的50余篇研究论文中，论及阮章竞诗歌的论文约有40篇。在这40余篇文章中，谈及《漳河水》或直接以《漳河水》为研究对象的接近一半。如此多的数量和比重，不能不说诗歌创作是阮章竞研究最为重要的部分，而《漳河水》研究则是重中之重。既然有如此多的数量，整体的质量也必然得到提升。就目前的情况来看，阮章竞的诗歌研究涉及其诗歌创作的方方面面。例如从表现手法的角度上看，就有前文提到的丁力的《谈阮章竞的叙事诗》，刘守华的《艰难的探索——论阮章竞的叙事诗》；从类型上讲，则有刘守华的《从〈漳河水〉到〈金色的海螺〉——献给诗人阮章竞百岁诞辰》，黄雪敏的《童真与诗心的空间：阮章竞的童话诗探微》，徐亮红的《精神家园的守望者——阮章竞童话诗歌人物“原型”探微》以及吴振尘的《动画片〈金色的海螺〉的改编艺术》（《大舞台》，2015年第7期）；从具体作品上看，则有尹一之的《不忘过去是为了未来——读阮章竞的〈夏雨秋风录〉》（《文艺报》，1995年8月25日），刘英武的《回肠荡气夕阳歌——读阮章竞的〈漫漫幽林路〉》（《诗刊》，1995年第10期），尹一之的《历史的回声——读诗人阮章竞的〈晚号集〉》（2001），伍夫楹的《嘹亮晚号 诗心不老——评阮章竞的〈晚号集〉》（《广东教育学院学报》，2001年第4期），曾镇南的《晚号声中有宝石——读阮章竞〈晚号集〉中的两首叙事诗》（《中国图书评论》，2001年第11期），彭龄、章谊的《重读〈四月的哈瓦那〉》（《世界文化》，2016年第4期），等等。这些研究，既反映了阮章竞研究随其创作发展而发展的趋势，同时也反映了阮章竞研究的丰富性和多样性。

童话诗作为现代诗的一个具体分支，在以往的研究中历来不够充分，而其代

表作也因此显得“相对较少”。《金色的海螺》《牛仔王》《马猴祖先的故事》是阮章竞童话诗的代表作，在当时儿童读者群中曾产生广泛的影响。在这些作品中，《金色的海螺》是最具影响的一篇，它在20世纪60年代不仅被改编成动画片、获得国际大奖，而且一直被视为童话诗精品流传至今。从这个意义上说，对阮章竞童话诗的研究、呈现其代表作及其艺术贡献，一方面可以向读者展示其在这方面的创作成就，另一方面则丰富了我国童话诗研究本身。至于像黄雪敏的《童真与诗心的空间：阮章竞的童话诗探微》，则从“童真”和“诗心”的角度进入阮章竞童话诗的世界；徐亮红的《精神家园的守望者——阮章竞童话诗歌人物“原型”探微》是对阮章竞童话诗的“原型”同时也是作者内心世界的探询，更可谓丰富了童话诗的研究实践。

与童话诗相比，对《夏雨秋风录》《漫漫幽林路》《晚号集》的研究和对《四月的哈瓦那》的重读，使阮章竞的诗歌研究具体、完整、全面。阮章竞是一位非常勤奋的写作者，直至晚年，他仍笔耕不辍，怀有强烈的创作理想与创作抱负。需要指出的是，随着年龄的增长，诗人的心境正经历着改变：对比当年的诗作，《夏雨秋风录》《漫漫幽林路》《晚号集》中很多作品沉稳、内敛，凝结着诗人的情感和人生阅历，具有非常高的艺术水准。对这些作品进行研究，不仅有助于我们了解阮章竞曲折的心路历程，而且也有助于我们看到阮章竞全部的创作历程。

当然，最能反映阮章竞诗歌研究实绩的是对其名作《漳河水》的分析。从闻山的《谈〈漳河水〉》开始，《漳河水》就成为阮章竞诗歌同时也是其全部创作研究的代表。《漳河水》之所以受到这样的重视，和其在语言、形式以及人物刻画方面取得的成绩是分不开的，同时也和其在此之前就获得了良好的口碑密不可分。从20世纪80年代谢冕的《解放了的漳河水欢笑——谈谈〈漳河水〉》（《北京文艺》，1977年第9期）、黄仲文的《漫话〈漳河水〉》（《暨南大学学报》，1980年第1期）、张芳彦的《匠心独运——谈谈〈漳河水〉的艺术构思》（《武汉师院咸宁分院学报》，1982年第1期）、刘守华的《论阮章竞的〈漳河水〉》（《华中师院学报》，1982年第3期）、王东华的《谈〈漳河水〉的人物塑造》（《镇江师专学报》，1985年第1期）、马尚瑞的《解放区诗歌创作的两颗明珠——〈王贵与李香香〉和〈漳河水〉艺术形式分析》（《北京电大学刊》，1985年第2期）、周希沼的《诗苑双璧 各有千秋——〈王贵与李香香〉和〈漳河水〉艺术成就比析》

（《南都学坛》，1989 年第 4 期），到 20 世纪 90 年代刘烜的《阮章竞〈漳河水〉的独创性》（《北京文学》，1991 年第 2 期），再到 21 世纪以来石锋的《〈王贵与李香香〉和〈漳河水〉的比较》（《沈阳教育学院学报》，2004 年第 2 期）、陈建功的《永远的阮章竞——在纪念〈漳河水〉发表 60 周年座谈会暨〈阮章竞绘画篆刻选〉首发式上的致词》（《诗刊》，2009 年 11 月上半月号）、涂途的《心中流淌漳河水——纪念阮章竞诞辰百年》（《文艺理论与批评》，2014 年第 3 期）、刘守华的《从〈漳河水〉到〈金色的海螺〉——献给诗人阮章竞百岁诞辰》（《新文学评论》，2014 年第 3 期）、谢冕的《〈漳河水〉的写作与艺术风格》（《中国现代文学研究丛刊》，2014 年第 8 期），围绕《漳河水》展开的研究精彩纷呈、姿态各异。作品分析、艺术构思、作品之间平行比较、艺术手法、人物形象、创作道路等，不同角度、不同侧面，已经使《漳河水》的研究呈现出逐渐繁荣、成熟的态势，《漳河水》的经典化地位也由此得到进一步的确证。

除上述文章之外，在阮章竞诗歌研究中，还有如孙绍振的《阮章竞的艺术道路》（《福建师大学报》，1979 年第 4 期）、李昌陟的《精益求精 不断前进——阮章竞解放前诗歌创作的艺术成就》（《中国现代文学研究丛刊》，1983 年第 4 期）、甄淑堂的《谈阮章竞诗歌的民族特色》（《韶关大学学报》，1993 年第 3 期）、阮援朝的《战争的回声——阮章竞的怀人诗作及抗战书写》（《文艺理论与批评》，2015 年第 5 期）、阮波的《阮章竞的主流创作与个性抒写》（《广东社会科学》，2017 年第 4 期）等专题研究的文章。这些文章或选择一个阶段，或选择一个特定的侧面，使阮章竞诗歌研究呈现出立体、繁复的状态。

在阮章竞诗歌研究中，一直有很多话题值得进一步的展开。以丁力的《谈阮章竞的叙事诗》为例：作为一位诗人，丁力在文章中充分肯定了阮章竞叙事诗特别是《漳河水》的成就，“《漳河水》这首长诗的出现，在新诗发展史上是个重大的收获。从阮章竞个人的创作道路来看，也是一个很大的发展。它和《圈套》不同，在于诗人不仅向民歌学习了东西，而且向古典诗歌学习了东西，并把这个传统熔化在一炉，成为‘掷地作金石声’的好诗”。同时也指出其作品的缺点，如在分析《圈套》时就曾写道——

> 这首长诗在艺术上还不够成熟，它的缺点是：一、单纯叙说故事，没有什么抒情。叙事诗虽然也允许单纯叙事，也有单纯叙事而叙得很好的；但我总觉得叙事的长诗，最好能带有抒情的成分，更能催动读者的感情，激起共鸣。如果单纯叙说故事，不带一点抒情味道，就会干巴巴的，难以见佳。二、在语言运用上，还嫌有些粗糙，没有经过很好的提炼和加工，好像顺口溜出来的，有的是诗，有的就不一定是诗了，因此，有些地方显得不够精美，诗意不浓。这两个缺点，在诗人以后的叙事长诗中，得到克服。[①]

这一判断在之后的研究中曾被多次援引且为阮章竞本人在与刘守华的书信中得到回应[②]，它因涉及叙事诗的写作问题，即使在今天仍有相当程度的现实意义。

三、戏剧、小说和其他

对比诗歌研究，其他体裁创作的研究虽占有比重不多，却因此具有重要的意义和价值。

戏剧创作是阮章竞文学创作重要的组成部分，也是其从事专业创作最早实践的门类。令人遗憾的是，由于战争的特殊原因，阮章竞在革命年代的戏剧创作多已散佚，如今可以看到的主要有《未熟的庄稼》《比赛》《糠菜夫妻》《赤叶河》《在时代的列车上》5 种，但这并不影响其成为一位重要的戏剧家。

1985 年第 2 期《语文教学》曾刊载李乡浏的《阮章竞同志谈戏剧》一文，该文记录了 1955 年年初李乡浏等将大学课堂上对于悲剧、喜剧、悲喜剧等的讨论及争议写在信中寄给阮章竞和阮章竞回信的内容，具有很高的史料价值和文论价值。在回信中，阮章竞以实践出真知的思路解释了三种剧的概念与认知——

---

① 丁力：《谈阮章竞的叙事诗》，《诗刊》，1959 年第 2 期。

② 此类文章如曹亚明、阮援朝的《论阮章竞文学创作对战争记忆和民间叙事的坚守》，《汕头大学学报》，2018 年第 2 期。而阮章竞信中回应，指其 1963 年 1 月 9 日与刘守华的通信，该信后与其他 9 封以《阮章竞与友人论诗的信》发表于《长江学术》，2007 年第 2 期；后以《阮章竞致刘守华论诗书简（1963—1982）》为题，发表于《新文学评论》，2014 年第 3 期。此外，在《还读顺写下的参考意见》（1979 年 10 月 25 日给刘守华的信）中，阮章竞也提到了对于丁力评价的看法，《新文学评论》，2014 年第 3 期。

> 我以为仅用这三种形式，还是不能包括今天的全部剧作，因为新的生活，已打破了历史所没有的巨大变革，文学（戏剧当然在内）是反映每个时代的生活，而又是这样丰富多彩，硬以三种东西来套，往往是似是而非。因而我以为学习不要钻这种老规矩为好，对文学的研究，主要在作品给了我们什么，是好是坏，哪些东西应打击，哪些东西应学习，作品中什么东西、什么人在鼓舞我们前进。①

他与时代结合、在实践中把握戏剧复杂性的思路极富启示意义。

与《阮章竞同志谈戏剧》呈现阮章竞自己对于戏剧的看法相比，杨一中的《论阮章竞的戏剧创作》和齐荣晋的《阮章竞与歌剧〈赤叶河〉》则属于真正意义上的他者研究。其中，杨一中的《论阮章竞的戏剧创作》属于整体式的研究。在结合现有5种剧本的基础上，该文首先分析了阮章竞戏剧创作中“真实地生动地反映现实社会生活，创作人民群众喜闻乐见的文学作品”的“重要特点”。然后是“善于描写和安排戏剧冲突，注重人物之间和人物自身的心灵交锋”的“又一个重要特点”。最后，是其戏剧创作的语言特点。相比杨一中的文章，齐荣晋的《阮章竞与歌剧〈赤叶河〉》则集中对《赤叶河》进行分析，通过“作家的风采”“深入生活，参加斗争”“感人的故事”三方面的归纳与总结，呈现《赤叶河》的创作成因和艺术成就。

在阮章竞戏剧研究的文章中，还有一篇《歌剧〈赤叶河〉创作前后》值得关注。该文由李娜记录、整理，原载于《戏友》1984年第2期，后被《复印报刊资料（戏剧研究）》于1984年第11期转载，可以说在当时产生了一定的影响，完全可以作为阮章竞《赤叶河》创作研究的参考。不过，1985年第1期《戏友》刊载了阮章竞同志给《戏友》的批评信即“关于《歌剧〈赤叶河〉创作前后》一文署名失真的问题”，在信中，阮章竞指出在住院期间，未经其核实便发出，存有一些失真之处，不能对该文负责。编辑部在刊载此信后，在信后予以道歉。因此此文在使用中需要和具体史实、史料结合起来，避免基本史实存有偏差的问题。

除戏剧研究外，还有赖洪波的《抗战史诗的青春书写——浅析阮章竞小说创

① 李乡浏：《阮章竞同志谈戏剧》，《语文教学》，1985年第2期。

作及其当下意义》（《文艺理论与批评》，2015年第4期）对其小说创作进行研究。尽管早年漂泊上海期间，阮章竞就曾根据父亲不幸的经历创作并发表了小说《割稻的故事》，但真正有计划、有目的地着手于小说创作，却是20世纪50年代以后的事情。阮章竞于60年代初期开始实施其小说计划，尽管这部以战争为题材的长篇在当时并不为同行所看好，但他并不动摇。1963年3月至8月间，阮章竞曾两次重回晋冀鲁豫革命根据地，为长篇小说《群山》做准备。但由于社会原因，直到80年代，这部长篇才进入创作之中并于1991年完成第一卷《霜天》。除《霜天》外，阮章竞还创作有中篇小说《清晨的凯歌》和长篇小说《白丹红》，此外就是留有《山魂》第二部《晴岚》的未完稿。"《晴岚》既可以看到阮章竞执着的抗日记忆，也可以发现他在写法上进行调整，兼容革命叙事和个人记忆的努力，折射着一个老作家一生的执着，但终成未竟之志。"[①] 结合阮章竞小说创作和出版的实际情况，他的小说研究不能是整本式的，正因为如此，《抗战史诗的青春书写——浅析阮章竞小说创作及其当下意义》主要围绕《霜天》进行论析。该文充分注意到《霜天》始于"十七年"、完成于"新时期"的背景，因此它有与生俱来的坚守，同时也要领受众声喧哗中的寂寞。与此同时，文章也注意到阮章竞这位从解放区走出来的革命知识分子的创作心态，而其相对于当下创作的意义和价值也由此得以凸显。

此外，还有关于阮章竞文学活动研究的文章，如成葆德的《阮章竞与陵川——纪念著名诗人阮章竞诞辰一百周年》（《太行日报》，2014年1月12日）、成葆德的《阮章竞与赵树理——纪念阮章竞诞辰一百周年》（《先锋队》，2014年1月号上旬刊）、尹一之的《党性的光辉——阮章竞同志在〈诗刊〉》（《新文学史料》，2014年第2期），以及陈建功的《永远的阮章竞——在纪念〈漳河水〉发表60周年座谈会暨〈阮章竞绘画篆刻选〉首发式上的致词》，（《诗刊》，2009年11月上半月号）涉及阮章竞的篆刻等。总体来看，戏剧、小说和其他创作的研究不如阮章竞诗歌研究那样充分，但正因为如此，其探索意义和文献价值才会更为显著。

---

① 陈培浩、阮援朝：《阮章竞评传》，桂林：漓江出版社，2013年版，第240页。

四、传记与史料研究

人物传记本是为了记录一个人的生平，向世人呈现传主不凡的人生，由此使读者获得阅读的启示和快乐。因为传记可以作为他者研究传主、了解其生平的重要参考资料，所以传记本身就是一种研究并可视之为一种文献史料，而在此过程中，作家传记尤其是评传、年谱意义尤为重要。

1986年4月，马尚瑞在中国妇女出版社出版了《从学徒到诗人——阮章竞简传》，这是第一部阮章竞传记，开启了阮章竞传记创作的先河。《简传》共八章，6万余字，从阮章竞的童年时代写到20世纪80年代。出于客观的原因和作者的种种考虑，《简传》是一部“未完之作”，同时对于阮章竞在新中国成立之后的生命史及创作史写得太略，因此在总体上前后显得有些失衡。对比《简传》，刘增杰、王文金在其合著的《迟到的探询》中，既收录了《阮章竞评传》（后附“阮章竞主要作品集”和“阮章竞研究资料要目”），又收有《阮章竞文学活动年表（1914— ）》（该表于1985年脱稿，记录至1984年），在写法上较为考究，两相对照，对于了解阮章竞生平和创作有着重要的价值，而事实上，两种研究也历来为研究者所重视。

在阮章竞传记写作过程中，由陈培浩、阮援朝合著，漓江出版社于2013年4月出版的《阮章竞评传》是十分重要的一本，在阮章竞传记写作乃至研究上都具有里程碑式的意义。首先，《阮章竞评传》由陈培浩和阮章竞之女阮援朝共同完成，“阮援朝负责对传主手稿、笔记的爬梳整理和对传主同代人的访谈；陈培浩负责执笔撰写”①。陈培浩为首都师范大学2011级博士研究生，广东潮州人，不论从专业知识背景还是成长经历来看，都有诸多便利条件，利于写出质量上乘的传记文本。另外，写作者工作认真、前期投入大，掌握大量第一手资料。除阮援朝本身资料储备丰富、非他人可比外，从《阮章竞评传》的后记可知，作者还曾到传主家乡、传主工作过的内蒙古特别是包钢党委宣传部去采访、搜集资料。再者还曾采访过传主的朋友等革命前辈，得到过前辈学人在具体写作过程中的指导，这些工作都保证了《评传》的史料价值和艺术水准。

---

① 陈培浩、阮援朝：《阮章竞评传》，桂林：漓江出版社，2013年版，第325页。

成书的《阮章竞评传》正文共十六章，另有“结语：万般辗转是诗心”和“后记”以及“阮章竞主要著作书目”，计有22万字，是迄今为止最完整的阮章竞传记，同时也是当之无愧的研究阮章竞的重要参考文献。其中许多章节如“第三章 风雨太行山（1938—1949）”“第四章《漳河水》：民歌体叙事长诗的巅峰之作”“第九章《白云鄂博交响诗》：寻找工业叙事诗的新可能”的叙述尤为精彩。缘于对文学作品解读的能力和水准，陈培浩关于阮章竞的许多作品及创作实践都分析得十分透彻。加之之前他已进行了精心的准备，更使《阮章竞评传》资料与论述相结合，系不可多得的一部现当代作家传记。从具体行文来看，作者显然是调动了全部写作资源，运用了多样化的写作手法，如“第十章 战战兢兢的《诗刊》副主编（1960—1962）”“第十三章 从‘可怕的压力’到归来的晚号（1975—2000）”，就运用了心态史的分析方法，让人读到阮章竞的内心世界。“当时间的河流把一个人送上历史彼岸之后，他漫长一生的细节也就隐去了。后来者只能把他所留下来的事、功、言、文等生命片段放到特定的背景中去显影，从中辨认一颗灵魂跳动的频率和力度，这就是传记要干的事。”[①] 正是凭着对传记使命的深刻理解，才会有陈培浩在《阮章竞评传》具体叙述过程中的用心感悟和把握——

> 他是诗人，却又在诗歌表达渐渐定型化之时，寻求嬉戏于绘画艺术本体的可能性。他终究无法摆脱时代主流文学想象的宰制，八十年代以后，他对现代派诗歌颇有隔膜，也难以在新的艺术源流中获得营养，他的诗歌语言跟同时代诗歌相比，渐趋定型化。
>
> 但是他却成功地使自己完成了从奉命写作到主动表达的转化，从颂歌型写作到反思型写作的转化。他毕竟是个诗人，也始终是个诗人。因为他的辗转，他的守与离，都是在追随着内在诗心的召唤。[②]

《阮章竞评传》以诗人为传主，文字精到、意趣盎然、充满诗意，真正实现了传记和传主相得益彰，并在此过程中，为阮章竞研究提供了大量的史实、史料和颇

① 陈培浩、阮援朝：《阮章竞评传》，桂林：漓江出版社，2013年版，第323页。
② 陈培浩、阮援朝：《阮章竞评传》，桂林：漓江出版社，2013年版，第324页。

有见地的言说与结论。

在《阮章竞评传》写作过程中，陈培浩和阮援朝还曾相继发表《阮章竞在建国后十年的若干史料》和《文学苦旅——阮章竞小传》等文章，这些文章作为阶段性成果为阮章竞研究提供了大量的史料。除此之外，陈培浩的《阮章竞评传》也即将于作家出版社出版，该书的出版必将在夯实阮章竞研究文献基础的同时，对阮章竞研究的进一步拓展有着深远的意义①。

谈及传记研究，还需提及的是，阮章竞还写有《故乡岁月》和经他者整理的《异乡岁月》两部回忆录。结合其回忆录写作的基本情况，完全可以归纳到自传的范畴之中。自传既是最为可信的史料，也是传主对于自己的一次记述和研究，只不过由于传主和著述者重合，一般我们不从研究的角度去认识它的价值。当然，这并不妨碍研究者去揭示其意义：胡波的《阮章竞笔下的民国中山社会——以〈故乡岁月〉为中心》就是一篇以其回忆录为研究对象的，这篇文章的出现告诉我们，围绕阮章竞的传记进行研究的还有相当多的空白点。

除上述研究外，茅盾评点的《漳河水》《迎春橘颂》②和顾随的《评点阮章竞〈漳河水〉》③，也是值得关注的研究成果，只不过评点研究过于特殊，很难予以归类。再者就是还有一些未发的关于阮章竞生平和创作的稿件，也包蕴很多宝藏值得进一步挖掘④。总之，阮章竞研究跨度大、数量多，已形成一定的规模。其以诗歌研究为突出特点，兼及戏剧、散文和传记等门类，它的特点甚至是其不平衡性，都为阮章竞研究提出了新的课题，同时也为后来者提出了任务和使命！

---

① 值得的指出的是，本书在确定写作计划之前，也充分考虑到了陈培浩的“评传”和“年谱”研究，才决定写一本作家论，同时，为了完善阮章竞研究的文献并填补以往研究的空白，在写作本书的过程中，笔者还编辑了《风骨峥嵘：阮章竞研究资料汇编》，原稿电脑统计 55 万字。

② 具体见《中国现当代文学茅盾眉批文库 4 · 诗歌卷》，北京：中国国际广播出版社，1996 年版。

③ 见《顾随全集》卷二，石家庄：河北教育出版社，2014 年版。该书注释：评点所据版本为一九五〇年六月《人民文学》。

④ 如笔者在整理《风骨峥嵘：阮章竞研究资料汇编》的过程中，就从阮援朝手中得到一些未刊稿，笔者进行了部分的收录。

一种新“文献史料”及其认知

相对于诗歌、小说、散文、戏剧以及回忆录的创作与出版，由阮章竞之女阮援朝编辑、中华书局于2017年8月出版的《阮章竞太行山笔记手稿四种》堪称阮章竞文献整理过程中的一件大事。厚厚的两册笔记手稿，包括《民间语言记录》（包括《民间语言记录》1942年和《语言》1948年3月）、《乡间记事》（包括1945年6月8日至1948年12月14日笔记记录6种）、《土改纪事录》（1848年3月至5月，时间与《乡间记事》重合）、《重回太行山笔记》（包括1963年3月至1963年8月“重回太行山笔记四种”）。考虑到“笔记”属于手稿原件影印，有认清字迹过程中的实际困难，阮援朝在撰写“前言”之余，还在每种笔记之前写有说明进行介绍，以利于读者清楚地了解每一种笔记的背景和内容，同时也在客观上丰富并提升了整部笔记的文献价值。

结合由中华书局编辑部撰写的“出版说明”可知，“阮章竞生前留下了大量笔记材料，后由其女阮援朝捐赠给国家图书馆，这批笔记几乎勾勒出作者一生的传奇经历”。本次影印所选四种笔记的前三种“为抗日战争及解放战争期间阮章竞在太行山地区的记录，最后一种则为1963年阮章竞为给自己的长篇小说寻找素材而重回太行山进行的座谈记录。这四种笔记，从几个不同的角度记录了20世纪40年代太行山的历史环境与人民的生活状态”[①]。如果只是从《阮章竞太行山笔记手稿四种》的内容来看，这样的判断自是恰如其分，但若从研究者特别是不同的研究角度来看，其意义和价值却远不止于此。《阮章竞太行山笔记手稿四种》不仅为现当代文学研究提供了独特的文献史料形式，而且还以其独特的内容为现当代文学和现代史研究提供了重要的文献资料，这样的判断是我们对其抱以浓厚兴趣的前提和出发点。

一、一种特殊的文献形式与内容

《阮章竞太行山笔记手稿四种》首先为现当代文学史料提供了特殊的文献形式：虽统称“手稿”，但在具体呈现时却包含工作记录、调查报告、日记、学习笔记、座谈会纪要等多种形式在内的“笔记”，且其中多种形式又有彼此交叉的现象，如《民间语言记录》是典型的学习笔记；《乡间记事》6种、《土改纪事录》《重回太行山笔记》4种，则包括工作记录、调查报告、座谈会纪要等，而与此同时，这三种“笔记”又都是以日记的形式记录下来的，有长有短、自由灵活。是以，《阮章竞太行山笔记手稿四种》虽可依据阮章竞的作家身份归入“作家以传统书写方式书写而成的文字，就是手稿”[②]的范畴之中，但其表现形式却是独特的，它不是简单、纯粹意义上的作家手稿，而是记录阮章竞本人工作、生活的工作笔记、学习笔记和长篇日记式的“笔记手稿”。它虽笔法简单，只是记下自己经历的事，但其内容之芜杂、形式之多样，又决定其在实际上可以作为一个复杂的构成。

现当代文学史料自现当代文学诞生之日起，就开始逐步累积，但作为一个独立的研究对象及至上升为一个学科门类，却是20世纪80年代之后的事情。此时，现当代文学史料不仅有了相当的规模，已处于可以发掘整理的状态，现当代文学研究本身的簇新也在主客观方面造就了现代文学史料学的出现。朱金顺、樊骏、马良春、刘增杰等一批前辈学人都涉及这一学科。马良春更是在1985年年初发表的《关于建设中国现代文学“史料学”的建议》一文中，将现代文学

① 阮援朝编：《阮章竞太行山笔记手稿四种》（上），北京：中华书局，2017年版，“出版说明”第1页。

② 陈子善：《签名本丛考》，北京：海豚出版社，2017年版，第224页。

的史料分成了七个类别——

> 第一类：专题性研究史料。包括作家作品研究资料、文学史上某种文学现象的研究资料等。
>
> 第二类：工具性史料。包括书刊编目、年谱（年表）、文学大事记、索引、笔名录、辞典、手册等。
>
> 第三类：叙事性史料。包括各种调查报告、访问记、回忆录等。
>
> 第四类：作品史料。包括作家作品编选（全集、文集、选集）、佚文的搜集、书刊（包括不同版本）的影印和复制等。
>
> 第五类：传记性史料。包括作家传记、日记、书信等。
>
> 第六类：文献史料。包括实物的搜集、各类纪念活动的录音、录像等。
>
> 第七类：考辨性史料。考辨工作渗透在上述各类史料之中，在各种史料工作的基础上可以产生考辨性史料著述。①

马良春之后，刘增杰、潘树广等都曾在其自己的著述中对文献史料进行分类②。但均未涉及"笔记"范畴，而"笔记"作为一种新的文献形式的意义也在于此。

按照一般意义上的理解，内容可以决定形式，形式服务于内容。不过，从更为复杂的方面思考问题，形式服务于内容的同时其实也可以反作用于内容。《阮章竞太行山笔记手稿四种》虽统称为"笔记"，实则从形式到内容层面却是种类繁多、包罗万象。《民间语言记录》占有页面 101 页，约计有 23000 字，多记录的是一条条方言、歇后语等生动活泼的群众语言，如"兔子不吃窝边草""扣抠鬼"

---

① 马良春：《关于建设中国现代文学"史料学"的建议》《中国现代文学研究丛刊》，1985 年第 1 期。

② 如刘增杰在《中国现代文学史料学》中将中国现代文学史料也分为七类，包括"第一类：中国现代文学总集""第二类：中国现代文学别集""第三类：中国现代文学社团、流派、文体选集""第四类：中国现代文学期刊、报纸副刊史料""第五类：综合性研究史料（含工具书）""第六类：作家年谱、传记、回忆录史料""第七类：相关学科书目"，中西书局，2012 年版，第 172—173 页。潘树广、涂小马、黄镇伟主编的《中国文学史料学》（上卷），将"中国文学史料"分为"一、文学作品本身""二、文学理论批评著作""三、作家传记资料""四、文学作品的背景性资料""五、文学社团与流派资料""六、文学期刊与报纸副刊资料""七、文坛风尚与文学事件资料""八、文学形式范畴的资料"，华东师范大学出版社，2012 年版，第 4—6 页。

（吝啬汉）、“扎一刀不出血”[①]，等等。《乡间记事》6种主要以日记的形式记录了阮章竞1945年6月到1948年12月间的六段生活，“记在两个不同的本子上，约17万字”[②]，虽中间并不连贯，但内容十分详细，这一点从阮援朝为其所作的“摘要”就可以看出——

《乡间记事》摘要

（1945年6月—1948年12月）

① 阮援朝编：《阮章竞太行山笔记手稿四种》（上），北京：中华书局，2017年版，第6页。原文记录时用繁体字，本文在引用时基本按原样。

② 阮援朝编：《阮章竞太行山笔记手稿四种》（上），北京：中华书局，2017年版，第153页。

328 工作日记（1948 年 5 月 21 日—6 月 1 日）
347 西积善工作总结（1948 年 6 月 2 日—4 日）
350 归途（1948 年 6 月 5 日）
353 人物
六、355 关于妇女的材料（1948 年 12 月 14 日）[①]

同样的“摘要”还在《土改纪事录》《重回太行山笔记》中出现，只是限于篇幅，此处无法一一介绍。显然地，需要“摘要”且内容越多越能反映出“笔记”的丰富。由形式至内容，《阮章竞太行山笔记手稿四种》从直观的角度显示自己的特殊性；由内容到形式，《阮章竞太行山笔记手稿四种》则从内蕴的角度呈现自身的独特性，而两者相加，自然是丰富了现当代文学史料范畴！

二、真实：个体生活道路与社会历史的互证

正如一些研究者指出的，作家手稿可以集“文物价值”“史料价值”“学术价值”“文学创作价值”“美学价值”[②]于一身。上述诸种价值由于手稿内容不同，在具体呈现时可能会有不同的侧重，但无论怎样，既然是手稿，它的意义和价值首先就在于文字记录的真实、可信，保持了文献的“原始风貌”。近年来，研究界之所以越来越重视作家手稿，形成一种研究热潮，就在于在手稿转成印刷品的过程中，许多外在的、客观的因素会掩盖手稿最初的丰富性和真实性。进入电子数字化时代之后，人们阅读文献、获取资料和信息的途径确实便捷了，但对于历史现场的探寻及追求更高的历史真实，却使手稿在成为历史与作家之档案的同时，尤显重要性。

当然，相对于价值，手稿作为历史遗留物的保存也是一个值得研究的实践性课题。从阮援朝的回忆和记录中，我们可知阮章竞是一个有着“强烈‘存史’意识的人”。在“社会大变动的背景下”，阮章竞有意识地“保存资料”，确实少

① 阮援朝编：《阮章竞太行山笔记手稿四种》（上），北京：中华书局，2017 年版，第 154—155 页。
② 王雪：《作家手稿档案征集研究——基于中国现代文学馆的考察》，《档案学研究》，2019 年第 5 期。

见[①]，自然也为后世积累了大量珍贵的资料。2013年4月，阮章竞的后人将其一生所存的笔记捐赠给国家图书馆，“手稿入库后不到三个月，就完成了全部的电子化扫描工作。以后又就手稿的整理使用达成共识，在中山市政府的帮助下，设立了‘国家图书馆藏阮章竞手稿文献整理研究项目’。三年来稳步进展，120万字的工作成果，即将在《阮章竞文存·笔记卷》中发布于众”[②]。这既从侧面反映了阮章竞“手稿笔记”的厚度，同时也在相当程度上反映了阮章竞“手稿笔记”的价值。《阮章竞太行山笔记手稿四种》是从这批捐赠中挑选出来的部分——

> 本书选取的四种笔记，从三个不同的角度记录了20世纪40年代太行山的历史状态：民间语言、资源再分配和战争中的普通民众。这些状态以原始的面目展现，没有加工，没有干预，既不精致也不纯粹。它不是从第三人称出发的“田野调查”，而是一位革命知识分子第一人称的“田野生存记录”。本书的出版，提供了一个从原始材料的研究思考中见仁见智的可能性。我想这正是父亲“存史”的原因吧。[③]

虽无法展现笔记的全貌，但其意义和价值毋庸置疑！

以真实为基础，《阮章竞太行山笔记手稿四种》实现了个体生活道路与社会历史的互证。为了能够更为清晰地说明这一判断，笔者兹举两例，其一是1945年6月8日《乡间记事》的一部分——

> 今天下乡，调查研究的工作的真正开始。我曾做了几天的准备工作，如学习百分比和找了本抗日根据地法令，以备将在工作中的参考。特别这次参加了县长县书的会议，对下层工作情况，得到一点初步的知识，但这对我仍是倒转过来的，我仍示做亲身的实践。

---

① 阮援朝编：《阮章竞太行山笔记手稿四种》（上），北京：中华书局，2017年版，“前言”第1—2页。

② 《〈阮章竞太行山笔记手稿四种〉影印本编者阮援朝在国图的发言》（2017年11月27日），本文依据为阮援朝发来的电子版文稿。

③ 阮援朝编：《阮章竞太行山笔记手稿四种》（上），北京：中华书局，2017年版，“前言”第3页。

我感到有些怯，在我思想中存在着这几方面的顾虑：一是我未做过任何的农村工作，毫无经验，过去只能是道听途说的一知半解。二是做这工作是很细致的，我生怕自己是个南方人，可能将在语言上，不能顺利地表达意思，而这在我是很重要的一条。三是一般人在我这数月来的感觉中（我所接触到的），以为未做过群众工作的，是干不成功的，或多或少表示怀疑。我是不服气的，照这说是个真理，那么谁在未出生之前就做过群众工作呢？凡是任何工作说没有经验就不能做，我从来就反对的，我自己承认没有经验是会有很多困难，但经验是从斗争实践中产生的，就是说由人去做出来的。不能多做，就不能少做么？这显然是一种谬论。我倒不怕这个，我是怕因第二条件而加重这种谬论的根据。

还是问题在于自己，只要是真正为人民服务的，有这项决心是可以克服的。我认为要恢复自己的阶级意识，为献身于劳动人民的解放事业，我也很愉快。因为我想我没有怕过一件事是干不了的，以此自勉，也以此自豪。①

其二是1947年12月28日《乡间记事》之《赤叶河》在冶陶大会第一次演出后，中央局宣传部召开的座谈会上荒煤和欧阳山的发言记录——

荒煤：

序幕，作者意图是土地还家，用来就是我的，是否应荒山就有主。情绪上都较愉快，是否把他翻过来，艰苦才得到土地。

闲话的问题，交代了十年，也可。和第三部的翻不透身比，是程度差别，要的话，应该加深K的统治。

斗争好像都集中在大富一家里头，大先生对赤叶河的整个统治还不明，土地归给全沟不够。

① 阮援朝编：《阮章竞太行山笔记手稿四种》（上），北京：中华书局，2017年版，第158页。另按：《乡间记事》是作者在1945年6月8日到1948年5月20日使用的一册灰蓝色note book笔记本的总标题。收入本书时，编者按照记录的时间和内容，分成九段。原件现存国家图书馆古籍善本部。

欧阳山：

政治意义上很成功，跟今天提出的问题，相联系，这是主要的。

如区干问题，是作风呢？还是如何？但可以□起来，是较易做到的。村干是如何，是否用现在大会精神，考虑，不要勉强，以免破坏统一。

……

关于剧本的序幕，太美化诗意，不能因开了块荒而美化，生活应很苦，好像旧社会还有如此的小天地。

……

词句上：有些过分诗意些，通俗化不适当？

整个来说，材料本身就是很好的戏，是否能更好地处理，更能代表现实。

音乐方面，在这种调里听不懂词，过于地方化。

贫农的组织没解决，区干只去找了，斗争会没领导，村区干都没出来，这更是更重要。

劳动创造一切，这能难说清，而且今天是平均土地，只抽象提出不是地主的就够了。①

结合阮章竞生平可知：1945 年 4 月，整风结束，根据本人要求，阮章竞被分到太南八分区，后到陵川县赤叶河村进行减租减息工作。此时 32 岁的阮章竞不仅是一位革命知识分子，还是一位领导干部。对于新的工作，他有理想、有抱负，同时也有顾忌、有担心，而“笔记”恰好生动地记录了他的内心世界。而从第二则笔记中则可以看到《赤叶河》第一次公演后，召开了中央局宣传部的座谈会。会上，荒煤、欧阳山等评论家、作家各抒己见，出谋划策，在各个方面提出改进的建议。通过阮章竞翔实的记录，我们可以感受到他虚心接受、极力做到一字不落，真实记录。他能够将他人说的关于剧本的缺点也充分记录下来，说明他更在意剧本的艺术和演出的效果，而这些建议当然对于《赤叶河》的进一步修改产生了相当程度的影响。

① 阮援朝编：《阮章竞太行山笔记手稿四种》（上），北京：中华书局，2017 年版，第 237—238 页。其中，原稿文字不清处，用□代替。

一方面是个体生活道路的记录，另一方面则是亲身经历之场景和事件的真实记录，两者“重合”还有阮章竞作家、工作干部（实为文学和政治）等多重身份的重叠，进而实现了个体生命史与社会发展史之间的互证。《阮章竞太行山笔记手稿四种》出自一位有着多重身份的人物之手，其记录越丰富详细，记录者身份越重要，则越能凸显“笔记”本身的珍贵程度。

三、样本的意义：如何理解笔记手稿

沿着以上思路，《阮章竞太行山笔记手稿四种》作为一个“独特的样本”，在具体阐述过程中至少可从两个主要方面得出其意义和价值。

其一，《阮章竞太行山笔记手稿四种》是作家手稿，为研究阮章竞的创作提供了丰富的信息。阮章竞为何要用大量篇幅记录方言和歇后语等生动鲜活的群众语言？从创作的角度上说，是语言素材的积累和自我学习的需要。阮章竞曾多次在文章中谈到自己创作的语言积累过程。“我是南方人，初到北方时，普通话说得很糟。听懂偏远山区的语言，并且使之用于写作，是花了很大的气力去学习和积累的。《漳河水》诗中的语言，除少量直接从民歌中抄录外，绝大多数是从群众的语言中取得原料加工提炼的。我只是利用了当地民歌的情调色彩，来反映太行山妇女群众的悲愁欢乐。”[①]“我感到南方人写北方生活，难于上青天。首先遇到的是生活风俗关和语言关。这两大关，我过得非常艰苦。我就从士兵、炊事员，特别是和我一起工作的北方同志，还有房东找帮助。”[②]要经过多少积累和锤炼，才能真实生动地写出北方人的生活，阮章竞通过笔记告诉人们勤奋、自学对于一个作家的重要性。功夫不负有心人，他的努力得到了回报。1949 年 3 月，阮章竞完成了《漳河水》的初稿。第二部中关于“荷荷”的诗句——

种谷要种稀留稠，
娶妻要娶个剪发头。

① 阮章竞：《漫忆咿呀学语时——谈谈我怎样学习民歌写〈漳河水〉》，《文艺研究》，1982 年第 2 期。
② 阮章竞：《在民族解放斗争中成长——创作生活回顾》，《文学报》，1991 年 5 月 23 日第 23 期。

种玉茭要种“金黄后”，
嫁汉要嫁个政治够。

就曾在笔记中看到原始采风的痕迹。[①]除语言积累和《漳河水》之外，歌剧《赤叶河》首次演出的座谈会也曾在笔记中出现，至于像1963年的四次《重回太行山笔记》（第一次还有“补充”）更是对于了解阮章竞小说创作有着重要的意义。阮章竞在1947年春夏之交就着手动笔长篇小说《太行山不倒》，但由于工作原因和社会原因，到20世纪60年代，他才又通过采访搜集素材——

1963年春夏间他记录的专题采访笔记共有5册，具体包括：

重回太行山笔记之一（3月16日—5月6日） 1册
重回太行山笔记之一补充（4月12日—6月11日） 1册
重回太行山笔记之二（5月4日—7月9日） 1册
重回太行山笔记之三（7月5日—8月5日） 1册
重回太行山笔记之四（8月5日—14日） 1册

这些采访的对象都是太行山抗日战争的亲历者，年龄在45岁的居多，这些笔记保存了他们关于战争的回忆。具体行程，编者做了摘要附后，方便读者查阅。这次搜集素材后，阮章竞先后写出了《八年烽火太行人物志》六则；短篇小说四部：《清晨的凯歌》《无阴山虎郝福堂》《侦察英雄赵亨德》《民兵王小旦》；中篇小说一部：《白丹红》。而最核心的那部长篇小说却三改书名，十易其稿，耗尽了他其后37年的心血。[②]

阮章竞所言的长篇直到1997年才定名为《霜天》（《山魂》第一卷）在大众文

① 阮援朝编：《阮章竞太行山笔记手稿四种》（上），北京：中华书局，2017年版，第118页。笔记中原文为：
“种谷要种稀留稠，娶妻要个剪发头”（男唱）
“种谷要种金皇后，嫁汉要嫁区干部（党员之谓，来说好）”（女唱）说明新的婚姻观在树立。
② 阮援朝编：《阮章竞太行山笔记手稿四种》（上），北京：中华书局，2017年版，第530—531页。

艺出版社出版。从最初的构思，到几经搁笔、几经采访，《霜天》直到半个世纪之后才与读者见面，其时间跨度显而易见，个中曲折可想而知。按照阮章竞的介绍，《霜天》之后，《山魂》系列还有第二部《晴岚》和尾声《青春祭》[①]，对于这样长篇幅的一部系列作品，阅读其《重回太行山笔记》自是会给研究者提供大量的信息。

其二，《阮章竞太行山笔记手稿四种》是工作笔记手稿，为研究阮章竞的生活经历和同时代社会文化提供了重要的信息。《阮章竞太行山笔记手稿四种》同时还是作家手稿。作家作为社会生活的一分子、名人，往往要和同时代的许多文化名人交往，进而为认识那个时代留下痕迹。当然，相对于阮章竞，他的身份还包括工作上的领导干部，这样，他工作笔记手稿的价值就超出了一般意义的文学视野，实现了某种多重性——

> 作家的手稿档案是其生命外化的一种结果，其中包含着行为痕迹，也包含着心神情绪，每个人的个性和指纹一样，都是独特无双的。不仅具有文学性，也具有审美性，是社会文化的化石和静止的标本。手稿档案是作家在写作活动中产生信息的忠实记录，“不仅记录了成果，还记录了获得成果的过程；记录了一个作家的观念、意识、创作方法及其沿革，而且通过这种记录表现了当时社会的价值观念、人文精神、风俗习惯以及生产力水平等”，具有多重价值。[②]

即使进行最保守的估算，《阮章竞太行山笔记手稿四种》也在存有文学史价值的同时，具有区域性、年代性的社会史价值。从研究的意义上说，20 世纪 40 年代解放区文献搜集和整理历来是学界的热点，但解放区作为一个区域统称，其包含的地区不仅有以延安为中心的地区，还包括为数众多、面积广大的区域。阮章竞的“笔记手稿”是其在这一时期太行山工作的记录，对于了解 20 世纪 40 年代太行山地区的政治、经济、文化有着重要的参考价值。《乡间记事》中的“反

---

① 阮章竞：《我为什么要写〈霜天〉》，《中国艺术报》，1998 年 1 月 2 日。

② 王雪：《作家手稿档案征集研究——基于中国现代文学馆的考察》，《档案学研究》，2019 年第 5 期。

攻生活录”“扩军工作”“焦作地区工作记录”“武陟斗争积极分子的回顾”；《土改纪事录》中的“工作团的任务”“调查表”“分果大会”“划阶级、合作社等四个问题”“串通工作汇报”等，文字、图表与数据相结合，对了解这一时期我军在太行山的活动、太行山地区土改工作等有着重要的参考价值。

《阮章竞太行山笔记手稿四种》可阐释的内容还有很多，此处限于篇幅不再一一赘述。按照阮援朝的记录，除本书收录的太行山笔记四种之外，阮章竞还留下八十九种笔记，贯穿 20 世纪 40—60 年代[①]。这些笔记不仅弥足珍贵，而且还丰富了现当代文学文献史料，对阮章竞文学研究和区域社会史研究均有重要的参考价值，因此，我们需要挖掘的东西自是还有很多。

① 阮援朝编：《阮章竞太行山笔记手稿四种》（上），北京：中华书局，2017 年版，“前言”第 4 页。

现代诗书写的资源及其可能之型构

现代诗歌即新诗自生成之日起，就为形式问题所困扰。之所以如此，一方面是古典诗歌格律传统的影响过于强大，在诗的范畴内谈论新诗的形式问题离不开其参照系统；另一方面则是新诗要表现纷繁的现代生活，在语言、句法方面很难重返传统诗歌的旧途，在此背景下如何实现传统诗歌的资源转化、建立属于自己的形式标准就是一个值得探讨的问题。

纵观至今为止的新诗史，很多诗人、理论家都曾为新诗的形式问题提出过自己的设想甚至身体力行，然而从事后结果来看，却迟迟没有建立起一个公认的诗歌形式。归结起来，新诗是自由诗且每个写作者均处于相对自由的状态，是新诗形式没有共同遵守原则的重要原因之一。当然，这样说，并不是否认新诗史上众多诗人对于形式的探索，相反地，倒可以反衬出其探索的价值和必要性。任何一种形式探索及实践都丰富了新诗的写作并寄寓着写作上的可能性，同样地，任何一种形式探索都因为其特殊性而成为促进新诗在形式方面建构的重要思路，而本文以阮章竞的诗歌创作为例论析“现代诗书写的资源及其可能之型构”正是要说明这一内容。

一、形式的资源与经验

尽管现代诗歌史上有诸多诗人具体论述过新诗的形式及其建构问题，并诞生了如新月派的“三美”主张，后期创造社诗人穆木天、王独清的诗歌公式，但若从持久性、可操作性的角度上说，“歌谣化”“民歌体”才是最有成效、最为显著的实践。现代诗人为了找到一条符合新诗实际且又有迹可循的形式，从一开始就对歌谣体表现出了浓厚的兴趣。“歌谣热”几乎同白话诗一起诞生，并由此贯穿现代诗歌的历史。1920 年 12 月成立的北京大学歌谣研究会是新文化运动中最早成立的群众社团之一，其发起者和参与者如刘半农、沈尹默、钱玄同、周作人等，几乎囊括了全部的早期白话诗人；而由其主办的《歌谣周刊》也是现代文学史上出现较早、持续时间最长（1922—1937）的期刊之一。在上述诗人中，刘半农可作为一个代表进行深入地分析。“刘半农是现代最早提倡搜集民间歌谣的发起人之一”，同时，也是“在中国现代文学史上，以正确的态度和饱满的热情来对待民间文学，有意识地向人民的口头创作学习和借鉴，并作出一定贡献的人”①。他的《江阴船歌》20 首更是被周作人称为“中国民歌的学术的采集上第一次的成绩”②。

之所以对民歌有如此热情，首先，与刘半农个人的文艺偏好有关。刘半农是一个喜欢“自然”和“真实”的文人。正如其所言，“这样的见解完全是个人的气禀造成的”——“因为我的性情是如此，所以我的爱赏歌谣，就可以说是极自然的趋向了”③。在刘半农看来，歌谣的第一点“好处，在于能用最自然的言辞，最自然的声调，把最自然的情感发抒出来。……好在世间只有文字狱，没有歌谣狱；所以自由的空气，在别种文艺中多少总要受到些裁制的，在歌谣中却永远是纯洁的，永远是受不到别种东西的激扰的……”；而第二点则是“歌谣之构成是信口凑合的，不是精心结构的。唱歌的人，目的既不在于求名，更不在于求利，只是在有意无意之间，将个人的情感自由抒发。而这有意无意之间的情感的抒发，

---

① 徐瑞岳：《刘半农评传》，上海文艺出版社，1990 年版，第 110 页。

② 周作人：《江阴船歌序》（1919），钟叔河编：《知堂书话》（下），海口：海南出版社，1997 年版，第 852 页。

③ 刘半农：《国外民歌译·自序》，《半农杂文二集》（复印本），上海书店，1983 年版，第 11 — 13 页。

正的的确确是文学上最重要的一个元素”[①]。刘半农对待歌谣的态度显然浸润了自身的主观情感，但其激赏歌谣“自然”与“真实”的一面，却颇能代表当时新诗人的普遍性认识。不仅如此，“自然”“真实”还意味着与“写实”密切相关，这一点就新诗当时所处的阶段来看也是成立的。

其次，对民歌体的追崇还与刘半农秉持的文学主张有关。刘半农曾最早在《我之文学改良观》中提出“破坏旧韵，重造新韵”和“增多诗体”两项主张，其中“增多诗体”又包括“自造”“输入他种诗体”“于有韵之诗外，别增无韵之诗”三种设想[②]。后来的新诗发展趋势恰如刘半农所想的那样，只是以他为代表的从民间谣曲汲取资源的实践，更多地着眼于建立起一种有关新诗歌的言说体式。在谈及“增多诗体”的过程中，刘半农显然遵循了进化论的逻辑，这使其可以从容地选择、转化已有的资源。“吾国现有之诗体，除律诗排律当然废除外，其余绝诗古风乐府三种（曲、吟、歌、行、篇、叹、骚等，均乐府之分支。名目虽异，体格互相类似。）已尽足供新文学上之诗之发挥之地乎”[③]，从以上论述可知：刘半农的诗体实践必将会取法古风乐府，并进而与之产生密切的联系。而事实上，他的《扬鞭集》和《瓦釜集》也确然是“五四”一代诗人以歌谣体入诗的代表作。

对比以刘半农为代表的实践，在20世纪30年代左翼阵营的诗人那里，再度启用歌谣正如朱自清在《歌谣与诗》中的另一判断，“又作为一种文体，供人利用来说教，那却兼具教育的价值了”[④]。由于带有明显的功用性目的，所以，左翼诗歌在大众化的旗帜下将歌谣作为一种启蒙、教育、团结的手段，生动地展现了权利泛化和政治介入后的全新面貌，至于由此不断衍生出的实践与批评上的新内容，则更多是源于外在形势上的变化。20世纪30年代民族矛盾和阶级斗争加剧的现实，客观上为左翼作家、诗人们提出了配合革命斗争、创作通俗易懂、为广大人民群众所喜闻乐见的文学作品的要求。以1932年9月正式成立的“中国新诗会”为例，由其主编出版的《新诗歌》在创刊号《发刊诗》里，就以“捉住现实，

---

① 刘半农：《国外民歌译·自序》，《半农杂文二集》（复印本），上海书店，1983年版，第13—15页。
② 刘半农：《我之文学改良观》，《新青年》，1917年5月3卷3号。
③ 刘半农：《我之文学改良观》，《新青年》，1917年5月3卷3号。
④ 朱自清：《歌谣与诗》（1937年5月15日），《朱自清全集》“8卷”，南京：江苏教育出版社，1993年版，第276页。

歌唱新世纪的意识”般的激情，展望了未来诗歌的形式与目的——

我们要用俗言俚语，
把这种矛盾写成民谣小调鼓词儿歌，
我们要使我们的诗歌成为大众歌调，
我们自己也成为大众中的一个。①

针对“‘左联’所提出的‘文艺大众化’的课题，对‘中国诗歌会’同人们来说，就是‘诗歌大众化’的问题”“中国诗歌会”无论在主张和创作实践上，都鲜明地体现了这一写作倾向。“在《新诗歌》创刊号里，除穆木天以同人名义刊出的《发刊诗》，以及同人们《关于写作新诗歌的一点意见》之外，他们作品绝大多数是利用民歌、时调、儿歌等形式有意识地写作”，不仅如此，“‘中国诗歌会’于1934年6月1日出版了大型的‘歌谣专号’，16开本。内容有歌22首，谣22首，时调以及介绍各地（包括四川、峡内、广东、广西、湖南、浙西等）民歌选辑数十首”②。鉴于当时“中国的诗坛还是这么的沉寂；一般人在闹着洋化，一般人又还只是沉醉在风花雪月里”，认为“诗歌是社会现实的反映，社会进化的推进机，应该具备时代意义”“其中，创造大众化诗歌（诗歌大众化），尤被认作最急切的使命”③，在当时左翼诗人的笔下，几乎成为共识性的认识。而在写于1934年6月1日的《关于歌谣之创作》一文中，当时已“转变”为左翼诗人的穆木天，更是以层层深入的方式重新确立了“新诗与歌谣”之间的关系：“歌谣的创作，总是我们的努力之主要的方向之一”“新诗之歌谣化，总可以

① 穆木天：《发刊诗》，即穆木天诗集《流亡者之歌》中的《我们要唱新的诗歌》，原载于1933年2月11日《新诗歌》旬刊第1期，本文参照王训昭选编：《一代诗风——中国诗歌会作品及评论选》，上海：华东师范大学出版社，1996年版，第3－4页。

② 柳倩：《左联与中国诗歌会——左联是如何通过中国诗歌会领导和开展新诗歌运动的》，王训昭选编：《一代诗风——中国诗歌会作品及评论选》，上海：华东师范大学出版社，1996年版，第298、301页。

③ 比如，蒲风的《五·四到现在的中国诗坛鸟瞰》，任钧的《关于中国诗歌会》都几乎完整无缺地重复了上述文字，均见王训昭选编：《一代诗风——中国诗歌会作品及评论选》，上海：华东师范大学出版社，1996年版。

说是新诗运动之目标之一”[①]。

20世纪40年代解放区的歌谣化运动，已由抗战前的“国防诗歌”转化为“抗战诗歌”。这一时期对歌谣化的批评不但有新的认识，而且还逐渐产生了新的理论内容。柯仲平的《论文艺上的中华民族形式》《论中国民歌》，萧三的《论诗歌的民族形式》等都涉及“旧形式”和“民族形式”等问题。结合其具体论述可知：从“旧形式”“民间形式”上升为“民族形式”，民歌在很大程度上起到了形式的调剂作用。将歌谣体（包括民间的民歌）重新作为新诗的一种重要的资源后，“民族的诗”以最大的程度提升其作为形式的权利和地位。20世纪40年代的陕北解放区曾展开过大规模的民歌创作和采集活动。这一现象，除了可以视为“大众化”的内在延续，还与1942年延安文艺座谈会以及同年兴起的大生产运动、新秧歌运动有关。为发展新民主主义“民族的科学的大众的文化”[②]，一大批文艺工作者汲取陕北民歌的丰富营养，从形式到内容进行了一系列新民歌、新秧歌剧的创新。从《东方红》（即原名《移民歌》）、《南泥湾》，到诗人李季借鉴陕北民歌信天游形式创作的《王贵与李香香》，开创民歌体新叙事诗之先河，歌谣体一直“以新鲜活泼的、为中国老百姓所喜闻乐见的中国作风和中国气派”[③]成为这一时期诗歌创作的主要形式，并进而成为进入当代之后同类诗歌运动的“前奏”。

结合新诗歌谣化在现代阶段的发展史，我们可以看出：从初期新诗人出于“个人”和“艺术”的目的，到特定年代革命诗人出于“启蒙”和“宣传”的目的，新诗歌谣化现象一直行走于艺术与功用之间（后者同样也讲求艺术，只是此时艺术排在功用之后），并在呈现具体化的过程中包含着多样化的可能。

二、具体的经验及其意义

为了能够更为深入地呈现阮章竞诗歌对于民歌资源的吸收、融合和转化，我

① 穆木天：《关于歌谣之创作》（1934年6月1日），《穆木天文学评论选集》，北京师范大学出版社，2000年版，第147—149页。

② 毛泽东：《新民主主义论》（1940年1月），《毛泽东选集》（第二卷），北京：人民出版社，1991年版，第706页。

③ 毛泽东：《中国共产党在民族战争中的地位》（1938年10月14日），《毛泽东选集》（第二卷），北京：人民出版社，1991年版，第534页。

们不妨从其自述的经验谈起——

《漳河水》虽然采用了太行山的民歌形式，但它不完全是靠现成的民歌调配合成的，它首先是靠现实生活和人民群众的语言。太行山斑斓夺目的民歌形式，就像色彩与光泽都很适合的一方石块，正好利用这个自然条件雕成一件物品一样。我是南方人，初到北方时，普通话说得很糟。听懂偏远山区的语言，并且使之用于写作，是花了很大的气力去学习和积累的。《漳河水》诗中的语言，除少量直接从民歌中抄录外，绝大多数是从群众的语言中取得原料加工提炼的。我只是利用了当地民歌的情调色彩，来反映太行山妇女群众的悲愁欢乐。如果说配搭得还可以，这乃是造化给我的便利，因为我在那里生活了十二年，就在老百姓家中写成，真是造化——福气。这在前面已经说过，我很早就试用小曲填词。但我有意识地自觉地大胆使用民歌形式，是始于头一首叙事诗《圈套》。《漳河水》的民歌曲调，在创作《赤叶河》时，已大量使用了。这部歌剧最初演出的音乐几乎全是太行民歌曲调。太行山的民歌曲牌、词曲结构，同山西其他地区的民歌山曲，绝大多数相同或大同小异，也有完全不相同的。这些民歌字数，有三七言、七七言两句式，有五言或七言四句式；也有字数参差的长短句或杂言诗式。但更多的是七言两句式的。我写《漳河水》时，选择的几种最适合表达主题思想、人物感情的民歌结构，基本上是三七言式、七七言式、七七五言式和七言四句式。这些结构形式，多是两句一韵和四句一韵，韵母要求比较自由宽广，近似则可，很便利于变化。七七言两句式的曲牌非常之多，如《平调》《太平调》《开花》《对花》《摇三摆》《刮野鬼》等，是最常见的。

……

中国民歌，产生于人民的生产劳动和人民生活，源远流长。很多古代诗人，都从民歌中吸取养分。我是喜欢民歌和古典诗的，一听一读感到亲切，就像人都喜欢吃家乡风味一样，自己爱吃，即使朋友不大爱吃，也要极力向他宣传，劝他吃。

比兴，从来是中国诗歌的特点。这种特点，现在还在劳动人民群众的生活中，不断被使用，被创造。如比喻劳动创造世界的“万物土中生，死地活人耕”“刀在石上磨，人在干中学”。比如非常丰富的农谚，既贴切生动，又便于记忆。农民群众常把大量的生动语言，使用到民歌中去。

民歌的比兴手法，特别明显。很多是以起兴或比喻作第一句，第二句才是要讲的事情。许多民歌，头一句和后句不一定必须相联系，就是说要讲这事，先讲那事，如“一套牛车慢慢游，真魂魂跟在你后头”“二饼饼牛车抹麻油，真魂魂跟在你左右”。这个两件事情一线牵的、外在无联系内在有联系的句法就是兴。如“满天星星一颗明，十三省挑中你一人”。“一对鸳鸯一对鹅，一对毛眼眼瞭哥哥”这是比喻。民歌还常用双关语义。如“火车车拉笛笛铁轨轨响，前半晌响（想）了后半晌响（想）”。一般民歌都比较短，上下两句式的更便于使用比兴。也有些较长或段落比较多的民歌，起兴之后，就直接进入叙事，但都保留着这种纯朴生动、充满生活气息的泥土芳馨。民歌的山风野气，天真烂漫，纯朴自然，具有情真意切的特点，很少有装模作样的虚假拼凑，如“送郎送到大门东，可恨老天爷刮起风。刮它几年又下雨，留下咱二人过几冬”“扭着你胳膊拉住你手，不说下个日子我不叫你走！”“扯烂你的袖口我给你缝，这一遭叫你口外走不成！”时代在前进，民歌也随着在前进，如上面提到的“火车车拉笛笛铁轨轨响”和“山雀雀飞在电线杆，打电话容易见面难”等，就不是古代的了。在革命战争中，民歌发挥了她的战斗作用。用民歌体写农村生活，山野风光，是比较顺利的。同时，我也从古典诗词中吸取了不少营养成分，接受了它简炼典雅的句法，如“梨树花开月明天”，这表达紫金英的思想和情景能完全一致。我认为民歌也不是什么都好。应该承认，民歌中确实有不少不健康的东西，有糟粕。谈儿女情长的东西多，昂扬向上的东西少。民歌体也不是写什么都是合适的。从我的实践看，写现代工业，写政治诗，我不得不另辟蹊径，探索古典诗与民歌结合的道路，往新诗民族化的方向做番尝试。适应反映现代生活，新诗仍然是主要的，但它应该民族化。①

在回忆以《漳河水》为代表的创作中，阮章竞充分表达了他对于民歌的认识。

《漳河水》在艺术上的独特性还可通过与李季的《王贵与李香香》相比而得出。

---

① 阮章竞：《漫忆咿呀学语时——谈谈我怎样学习民歌写〈漳河水〉》，《文艺研究》，1982年第2期。

比如，马尚瑞的文章就认为："《王》诗采用信天游民歌固有的艺术形式，两句一韵，从头到尾形式不变，富有地区、民间特点，亲切自然，感染力强""《漳》诗采用多种民歌曲调，表现力更强。不论在描写人物心理活动，神态方面更丰富多彩，更容易抒发诗人澎湃的感情。"[①] 而在周希滔的研究中，则谈到"《漳河水》比之《王贵与李香香》，在人物性格个性化上显示出更高的成就"。"《漳河水》与《王贵与李香香》相比，它不仅以抒情的调子来叙事，同时又借景抒情，把叙事、写景、抒情有机结合起来，充满诗情画意，有着独特的意境，显得更为精美。""《漳河水》比之《王贵与李香香》在民歌形式的运用上，又有新的创造和发展。它不止用一种民歌形式来写诗，而是采用流传在漳河两岸的多种民谣形式《开花》《四大恨》《漳河小曲》《牧羊小曲》等，加以改造，杂采成章，使叙事、抒情显得自由灵活，富于变化。""《王贵与李香香》采用的是经过提炼的陕北人民的口语，在质朴中具有形象美、音乐美的特点。……《漳河水》的语言，既通俗朴实、清新活泼，又精炼含蓄、柔婉典雅，兼有民歌和古典诗词的优长。"[②] 一般来说，《王贵与李香香》作为解放区诗歌的代表，在文学史上的地位显然高于《漳河水》，造成这种印象的原因自有很多。但从实际考察，《漳河水》显然更加自由、灵活、多样地运用了民歌。《漳河水》声情并茂，集叙事、抒情、描写于一体，曾被舒乙评价为"现在纵观这个时期的作品，可以说阮章竞的《漳河水》是最好的一部"[③]。显然是对以往写作经验进行了总结才从艺术的角度上作出判断的。

三、动态的型构与心态的演变

以民歌为代表的歌谣体虽是新诗创作的重要资源，但就新诗自身的特点和发展来看，民歌还是因为无法实现"绝对的自由"而存在相对的限制。一个明显的例子即为：现代诗"诗"与"歌"分离的状态，其实是使其在对待民歌资源和形

---

① 马尚瑞：《解放区诗歌创作的两颗明珠——〈王贵与李香香〉和〈漳河水〉艺术形式分析》，马尚瑞：《从学徒到诗人——阮章竞简传》，北京：中国妇女出版社，1986 年版，第 92—93 页。

② 周希滔：《诗苑双璧 各有千秋——〈王贵与李香香〉和〈漳河水〉艺术成就比析》，《南都学坛》，1989 年第 4 期。

③ 舒乙：《为阮章竞先生叫好》，李容焕、余丛、阮援朝编：《永远的阮章竞》，广州：暨南大学出版社，2013 年版，第 14 页。

式规律问题的过程中，采取自由随意、可有可无的状态。民歌可以当作诗，但毕竟不是诗；广义的诗可以包括民歌，但还有其他具体的形式。而这样的情况一旦联系到具体实践，呈现的问题或许远比想象更为复杂。结合新诗史的发展可知，尽管刘半农以自己的创作实践为歌谣化新诗付出了巨大的努力，但是，随着歌谣运动的深入发展，歌谣与新诗的结合在20世纪20年代并未像先前预想的那样紧密。一个突出的现象即为，除刘半农以及俞平伯等少数几位诗人外，学习民歌创作的诗人寥寥无几。不仅如此，即便是吸收民歌资源进行新诗创作的新诗人，对于民歌的态度也各有不同。在写于1921年的《诗底进化的还原论》一文中，俞平伯就曾指出，“其实歌谣——如农歌，儿歌，民间的艳歌及杂样的谣谚——便是原始的诗，未曾经过‘化装游戏’的诗”“我不愿意把歌谣和诗截然地分开，只把歌谣叫作民间的诗和作家的诗相对待”。[①] 即便在这样的创作心理影响下，俞平伯仍无法避免“在实际上作诗，还不免沾染贵族的习气”[②]。自然，这一事实也会招致他者的批评，在发表于1922年10月1日《读书杂志》第2期的评《俞平伯的〈冬夜〉》一文中，胡适就曾结合俞平伯的“自序”指出：“平伯主张‘努力创造民众化的诗’。假如我们拿这个标准来读他的诗，那就不能不说他大失败了。因为他的诗是最不能‘民众化’的。”[③] 这种来自同一阵营的质疑声音，显然已看到了歌谣体理论及具体实践过程中的脱节现象。

与之相应的，是朱自清在写于1927年10月的《唱新诗等等》一文中指出：“歌谣的音乐太简单，词句也不免幼稚，拿它们做新诗的参考则可，拿它们做新诗的源头，或模范，我以为是不够的。说最初的诗就是歌谣，或说一切诗渊源于歌谣，是不错的。但初期的诗直接出于歌谣，后来的便各有所因，歌谣只是远祖罢了。”鉴于“现在的新诗，初时大部分出于词曲，《尝试集》是最显著的例子。以后的作者，则似乎受西洋影响的多”，而“所谓西洋影响，内容方面是新的人生观和宇宙观，形式方面是自由诗体”，朱自清进一步指出：“所以新诗彻头彻尾受着外国的影

---

① 俞平伯：《诗底进化的还原论》，1922年1月《诗》月刊1卷1号。

② 俞平伯：《〈冬夜〉自序》（1922年1月25日），《俞平伯全集》（1卷），石家庄：花山文艺出版社，1997年版，第14页。

③ 胡适：《评新诗集·俞平伯的〈冬夜〉》，欧阳哲生编：《胡适文集》（3卷），北京大学出版社，1998年版，第618页。

响，与皮黄和歌谣同样是‘风马牛不相及’。其后内容方面虽复归于老调，但也只是旧来诗、词、曲里的东西，与皮黄和歌谣仍然无关的。”[①] 朱自清的看法同样在曾经肯定新诗与歌谣关系的周作人那里得到回应。在发表于1930年10月《骆驼草》的《重刊〈霓裳续谱〉序》中，周作人就曾流露出“我自己对于民歌的意见有点动摇，不，或者不如说是转变了。我从前对于民歌的价值是极端的信仰和尊重，现在虽然不曾轻视，但有点儿怀疑了”[②] 的态度。周作人对待歌谣态度的前后转变并不是偶然的——如果说在新诗诞生阶段，出于体制确立和辩护的心态，歌谣体作为有别于古典文人诗的“小传统”，自然会受到新诗人的重视，这一点，即使就新诗诞生阶段艺术成就普遍不高和歌谣本质上的自然、真实相“契合”的关系上，也可以说通。然而，随着历经多年的发展，诸如新月派、现代派的崛起都为新诗在艺术表现上注入了许多内容，所以，歌谣在艺术上的优点也逐渐被视为一种浅露，进而在那些秉持艺术本位的诗人眼中获得了普遍的认同。

如果说以上所述是从新诗人的角度和新诗艺术本位谈论新诗与民歌的关系，那么，另一个值得注意的现象是：左翼阵营虽重视民歌体、诗歌的大众化，但其显然有着更为重要的目的，而在很长一段时间内，学界对于左翼阵营大众化的诗歌在艺术层面上评价不高也与此有关。20世纪40年代解放区民歌浪潮的涌起，除延续上述目的之外，在一定程度上还有个人喜好的因素，1958年“新民歌运动”结束之后，民歌体在新诗创作中占有的比重已越来越少，而这种趋势从80年代之后特别是网络诗歌兴起后，更得到了充分的证明。

由民歌体与新诗之间的关系看待阮章竞新中国成立之后的诗歌创作，尽管阮章竞的叙事诗在总体上取得了非凡的成就，但就其发展道路而言，却并非一帆风顺。从已有的评价阮章竞叙事诗创作的文章特别是诗人自述性文字中可以看到，围绕某些具体的作品曾产生不同程度的争议，而这些争议显然对阮章竞的诗歌创作道路产生了影响。

晚年的阮章竞虽早已知晓老之将至，洞悉自然法则，但仍选择以一种积极的姿态，面对人生和写作。《漫漫幽林路》《边关明月胡杨泪》两部叙事长诗和《晚

---

① 朱自清：《唱新诗等等》（1927年10月11日），《朱自清全集》（4卷），南京：江苏教育出版社，1996年版，第221页。

② 周作人：《重刊〈霓裳续谱〉序》，《骆驼草》，1930年第24期。

号集》中的作品，和其早年的诗歌风格有很大不同。值得注意的是，就整体风格而言，阮章竞晚年的诗歌富于音乐性，在诗行和押韵等方面常常颇有诗词之风。此外，阮章竞还创作大量的古体诗并有很多填词，这些在其诗集中随处可见且在《晚号集》中集中展现的例子[①]，由于个案丰富，完全可以达到举不胜举的程度。不仅如此，在汲取古典诗学资源的过程中，阮章竞还对其进行宽泛式的理解，让诗歌和音乐、绘画进行在一起："中国的诗同音乐、同画都很有关系。中国民歌和古典诗由于中国语言的独特性，有颜色，有音色，一些民歌和古典诗一读起来，就觉得充满画意和音乐旋律。"[②] 诗中有画，诗中有歌，显然是提升了诗歌的艺术品位，实现了一种真正意义上的诗情画意。这样的思路一方面反映了阮章竞的艺术成长之路（如其早年对绘画、音乐的热爱、学习和实践积累的经验，而这种喜好就其经历而言可谓是贯穿一生的），另一方面也符合诗歌的阅读与传播过程中群众的接受趣味。

阮章竞曾言："谈到自由诗究竟怎样搞法，有很多问题需要研究解决。但我主张广大群众喜欢的东西，我们就要向这方面努力！去学，向民歌学。"[③] 这样的观点以今天的眼光来看，可以有许多商榷之处，但从当时的语境来看，却是十分真实的。"广大群众喜欢的东西"意味着喜闻乐见、有广泛的受众度，至于由此可以引申的则是传统诗歌资源的如何继承和转化以及如何与新诗对话的问题。新诗是中国诗歌的晚近部分，决定其必然要面对传统的延传和接受。在此过程中，民歌虽不是继承的全部，但可以作为其中有效的部分，阮章竞通过其实践恰恰告诉了我们上述经验！

---

① 《晚号集》是诗人多年来的创作合集，其中"诗集·桑影集"和"诗集·太行山不倒"的绝大部分作品属于首次结集出版，并有大量的古体诗和词。

② 阮章竞：《群众对诗人的要求是什么——1958 年 8 月 3 日在"诗刊"编辑部的座谈会上的发言》，《诗刊》，1958 年 8 月号。

③ 阮章竞：《群众对诗人的要求是什么——1958 年 8 月 3 日在"诗刊"编辑部的座谈会上的发言》，《诗刊》，1958 年 8 月号。

阮章竞
文学活动简谱

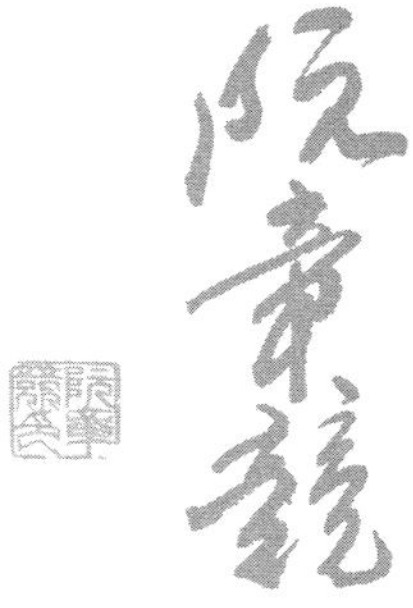

1914年

1月31日（旧历甲寅年正月初六），阮章竞生于广东省香山县（现广东中山市）沙溪区象角乡一户卖鱼人家。父亲阮达彬，母亲杨彩信。父母前后一共有十一个孩子，阮章竞排行老六。

阮章竞自幼受民间文艺熏陶。“我学儿歌，是在乡下老祖母的身边开始的。……稍大了，学唱歌谣。”[1]小时候，阮章竞的爱好是广泛的。“七八岁时，就喜欢画画、刻字……第二是喜欢音乐，对于民歌、民间小曲、广东音乐，我都很喜欢。”[2]

1922年

阮章竞六岁就向父母提出上学读书的要求，但直到九岁他才上学。先在本村的鼐琨学校上学，但不久，校长兼教师

① 阮章竞：《漫忆咿呀学语时——谈谈我怎样学习民歌写〈漳河水〉》，《文艺研究》，1982年第2期。
② 刘增杰：《漫长的诗歌之旅——阮章竞访谈录》，刘增杰、王文金：《迟到的探询》，郑州：河南大学出版社，1996年版，第13页。

彭鼒琨卷入了一场抽大烟风波被关起来，不久病故，阮章竞遂辍学回家。后在其百般央求下，转入作新学校读书。作新学校只有四个年级，阮章竞十二岁就读完了。

1925 年　转入树人学校读了五年级，但因家庭困难，未读完课程便辍学去做了学徒。

1926 年　农历五月，被送到邻村涌头村两合油漆店当学徒。阮章竞自幼喜欢画画，只要知道有画工在画画，都会去看，入油漆行业是因为有画工。学徒期间，阮章竞有机会就看画工们作画，常常在老板一家熟睡后，偷偷点煤油灯画画。学徒三年期满后，又傍师七个月。

1930 年　正式成了一名油漆工匠。开始初步了解社会。后入“天涯艺术学院”学画，结识了肖剑青，初步接触新文学、新思想。

1934 年　1934 年上半年，家乡经济不景气，阮章竞准备云上海。7 月 13 日，他和天涯艺术学院同学刘凤雏坐船去上海。阮章竞最初去上海的打算是：“一想找个工作，起码是画画和油漆这种自己有专长的工作，可以解决吃饭问题；二是想读书，利用晚上时间去夜校读书，也想到书摊看书；三是想学英语。”[①]

9 月间，刚到上海两个月的阮章竞常常在书店看书，如“开明书店”“生活书店”“还有上海申报有个图书馆，只要一元钱押金就可以借书看。这使许多青年读了许多书。当时我们的图书证不是一个人用，是许多人合用。那时许多左翼文

① 阮章竞口述，方铭、贾柯夫记录、整理：《异乡岁月——阮章竞回忆录》，北京：文化艺术出版社，2014 年版，第 4 页。

学都是我们传着看的”[①]。

年底，在上海街头遇到沙溪区涌边的同乡李思庸，涌边即阮章竞学徒地点涌头的邻村，两人之前就认识 。[②]

1935 年

1 月 28 日，阮章竞和李思庸参加了淞沪“一·二八”抗战英雄纪念会，会上遇到金焰等名人。

2 月，经李思庸介绍，到李工作的美术社做工。

按《阮章竞评传》记录：“他的创作生涯开始于 1935 年春、夏之间，署名啸秋的小说《割稻的故事》和诗歌《故乡》，便是我们今天见到的他最早的试笔……1937 年，写过两首歌词，一是《纪念柴门霍夫先生》，二是以聂耳《卖布歌》曲调填的一首词。这两首词，都曾受到当时上海革命文艺界的好评。”[③]

按马尚瑞《从学徒到诗人——阮章竞简传》[④]中记录——

> 他根据父亲不幸的经历写了篇小说《割稻的故事》。小说写好之后不知向何处投寄。他居住的亭子间附近有一个青年经常见面，由熟悉而成了朋友。那位青年托他对新闻界颇熟的哥哥寄到了南京的一家日报，不久便发表了。署名啸秋。后来，章竞才知道，那时南京的李宗仁派与广东的陈济棠派有矛盾，他这篇小说被认为揭露在陈济棠统治下的黑暗，对李宗仁派有利，他写的小说也正符合了李派的政治需要，所以能顺利发表。
>
> 以后，他又用“小农”“野夫”的笔名，在《青光》文学杂志上发表过诗歌《故乡》及漫画《林肯的故事》。

---

① 阮章竞口述，方铭、贾柯夫记录、整理：《异乡岁月——阮章竟回忆录》，北京：文化艺术出版社，2014 年版，第 6 页。

② 阮章竞口述，方铭、贾柯夫记录、整理：《异乡岁月——阮章竟回忆录》，北京：文化艺术出版社，2014 年版，第 16 页。

③ 刘增杰、王文金：《迟到的探询》，郑州：河南大学出版社，1996 年版，第 204 页。

④ 马尚瑞：《从学徒到诗人——阮章竟简传》，北京：中国妇女出版社，1986 年版，第 63 页。

1936 年

年初，结识冼星海。

夏，在李思庸的影响下，在卡德路学习世界语。

6月（或者是7月），在世界语学习班认识了徐稼之、蒋莱、甘元简，当时正是抗日救亡运动高涨时期，在进步思想影响下，约 9 月间，开始举办抗日救亡歌咏活动。

1937 年

1937 年“八一三”以后，许多革命文艺工作者，深入内地农村开展抗日宣传活动。

8 月底 9 月初，阮章竞随上海文艺界救国协会流动宣传团离开上海。先在太湖一带（苏州、无锡、常州）做抗日宣传工作。12 月初由苏州到南京，后因战火转到汉口。三年上海生活结束[①]。

12 月 25 日，参加冼星海在武汉组织的“全国歌咏协会”筹备委员会成立大会。

12 月下旬，经冼星海介绍，与桂涛声结伴北上，到太行山国民党十三军游击队。12 月 26 日从武汉出发，约 28 日到郑州，由桂涛声带到汤恩伯十三军游击司令部驻郑州办事处。

12 月 31 日，随桂涛声到山西晋城，见到李果谌（时为“国民政府第十三军游击司令部”的司令）。

---

① 在陈培浩、阮援朝合著的《阮章竞评传》中，阮章竞在上海的生活被分成三个阶段，因为有利于了解其文学之路，将其第 20 页归纳录于此——

1934 年 7 月到 1937 年 9 月，阮章竞在上海一共生活了三年，大概经历了三个阶段：

1934 年 7 月至 1935 年年初是初期，他由南方乡村来到东方大都会，靠着肖剑青的关系立足，主要在同乡的人际网络中活动。他辗转求工同时发奋学习。而三教九流、光怪陆离的大上海令他时时“惊诧莫名”。

1935 年 2 月至 1936 年年初是第二阶段，此时他遇到沙溪同乡李思庸，跟肖剑青关系渐远。更重要的是，他和李思庸在读书上志趣相投，在李的影响下，开始接触到进步书籍、左翼革命者和革命理念。

1936 年年初至 1937 年 9 月是第三阶段，阮章竞参加了抗日救亡歌咏运动，结识了著名音乐家冼星海。此阶段他越来越深地参与到左联领导的救亡宣传活动中，也为投身革命做了大量的艺术和思想准备。

1938 年

1月1日，和李果谌一行到陵川的国民党第十三军游击司令部政治部。教唱歌、画画。

同月，转到由中共地方党组建的第二战区游击队第一支队司令部政治处工作，不久又到连队当指导员。这个部队后来被改编成了八路军。

4月，晋城八路军联络处主任朱瑞发现阮章竞会搞文艺。4月23日，经一段时间筹建，在晋城成立中国国民革命军第十八集团军第八路军晋冀豫边区太行山剧团（简称太行山剧团），刚成立时共25人。阮章竞被任命为该团的政治和艺术指导员，使用笔名“洪荒”①。后任剧团团长职务。

夏天，出于工作的需要，开始写剧本②。

7月，创作完成独幕话剧《周年》。这是他的第一篇剧作，署名洪荒。

9月至10月，创作二幕话剧《太阳出来了》③和《打鬼子去》，署名洪荒。

10月，创作三幕话剧《保卫抗日根据地》④。在这幕剧中，他第一次采用当地民歌《卖扁食》的曲调，填了一首《秋风曲》，获得成功，这是诗人保存下来的一首诗。后收入《阮章竞诗选》（1985）⑤。“这次尝试的初步成功，使阮章竞开始对民歌发生了兴趣。”⑥

同月，太行山剧团沿太行山主峰进行保卫抗日根据地的

---

① 赵正晶、崔家俊执笔：《太行山剧团团史》，本文依据阮章竞口述，方铭、贾柯夫记录、整理：《异乡岁月——阮章竞回忆录》，北京：文化艺术出版社，2014年版，第201—242页。

② 阮章竞：《漫忆咿呀学语时——谈谈我怎样学习民歌写〈漳河水〉》，《文艺研究》，1982年第2期。

③ 据李伯钊《敌后文艺运动概况》记录，阮章竞剧作《九一八前夕》演出后效果不错，而这部剧的剧本并没有保存下来，阮章竞自己提到的相似作品名为《太阳出来了》。参见陈培浩、阮援朝：《阮章竞评传》，桂林：漓江出版社，第57页。

④ 在阮章竞口述，方铭、贾柯夫记录、整理：《异乡岁月——阮章竞回忆录》中，此剧记录为《巩固抗日根据地》，结合多种资料对照，应为误记。

⑤ 在本谱中，“后收入”一般指现今查到的第一次收入作品集的时间，下同，不注。

⑥ 刘增杰、王文金：《迟到的探询》，郑州：河南大学出版社，1996年版，第205页。

流动演出。此次流动演出历时三个月，行程二千五百里。

1939 年

1 月，加入中国共产党。

年初，与赵迪之结为夫妻。

2 月 28 日，参加在长治召开的中华全国戏剧界抗敌协会太行山分会成立大会。

3 月 27 日，中华全国歌咏协会晋冀豫边区分会在长治成立，“洪荒”任委员会成员。

秋，晋冀豫区党委决定在辽县（现左权县）搞实验县。

8、9 月间，太行山剧团全力为将于 9 月召开的中共晋冀豫区第一次党员代表大会准备庆祝节目。洪荒为大会创作了多幕话剧《红巾》。

11 月，他率太行山剧团到辽县六区开展农村戏剧活动，有意识地收集了很多民歌。在他留下的十六册早期笔记中，可以见到 1942 年和 1948 年有专门记录民间语言的两册，麻纸淡墨，共有四万余字[①]。

同年，还创作了歌舞剧《红星旗下》（又名《国际歌舞》），活报剧《反对慕尼黑协定》。

1940 年

5 月，被李伯钊留在晋东南鲁迅艺术学校任戏剧导演教员，同时在北方局党校听课。

夏，作歌词《咱们的好政府》，赵子岳配曲[②]。

9 月，创作短诗《牧羊儿》于清漳河畔。《牧羊儿》是《和尚岭》[③]的一个插曲，初步反映了阮章竞诗歌创作的民歌道路

① 阮援朝：《珠江游子太行魂》，《文艺理论与批评》 2014 年第 3 期。

② 《阮章竞文学活动年表》，刘增杰、王文金：《迟到的探询》，郑州：河南大学出版社，1996 年版，第 228 页。另《异乡岁月——阮章竞回忆录》，第 115 页也提及这个作品。

③ 《和尚岭》（多幕话剧），因不符合“三三制原则”被下令停演，修改后复演，剧本佚失。见阮章竞口述，方铭、贾柯夫记录、整理：《异乡岁月——阮章竞回忆录》，北京：文化艺术出版社，2014 年版，第 114—116 页。

倾向，后收入《漳河水》（1958）。

本年度，还创作有话剧《登记》等作品。

1941 年

春，作短篇小说《大地》。

1941 年 5 月至 7 月，与晋东南地区文化界抗战协会分会的其他作家，如蒋弼、高咏等合办刊物《华北文化》，任编委之一，5 月份出刊，7 月份停刊。

5 月，到北方局党校学习。

本年，还创作歌剧《民族的光荣》（周沛然作曲），《茂林事变》（快板活报剧）[①]，《保卫华北》（活报剧）。于太行韬奋书店出版话剧《转变》。

1942 年

1 月 16 日至 19 日，参加在涉县赤岸举行的一二九师政治部、太行区党委联合召开的太行区文化人座谈会。

5 月，参加反“扫荡”。在战斗中负伤。“我曾计划用当地的民歌曲调，串成一个反映减租减息斗争的多幕歌剧《柳亭郊》，未脱稿就在反‘扫荡’中遗失了。”[②]

6 月，住院，动手术取弹片。后到武乡养伤。

10 月初，完成话剧《未熟的庄稼》，署名洪荒。这是阮章竞保存下来最早的剧本。

冬，由山西武乡县回剧团。

1943 年

3 月，适于演唱的长诗《柳叶儿青青》写于涉县下温村。后来又将其改编为歌剧《比赛》，1943 年太行新华书店初版，后于 1944 年太行韬奋书店再版。

---

① 在陈培浩、阮援朝合著的《阮章競评传》中，此剧书下注释为“《太行山剧团团史》中记为《反对皖南事变》《茂林事变》是阮章竞回忆录中所记题目”。桂林：漓江出版社，2013 年版，第 57 页书下注释。

② 阮章竞：《漫忆咿呀学语时——谈谈我怎样学习民歌写〈漳河水〉》，《文艺研究》，1982 年第 2 期。

6月，话剧《未熟的庄稼》在新华书店出版，署名洪荒。

7月10日，阮章竞（署名啸秋）在《华北文化》革新1卷4期，发表《当前戏剧界的几个问题》。同期还发表一首诗《民兵之歌》，作为“封二”，写作时间为1941—1942年。

9月，作话剧《糠菜夫妻》。

10月，去兵工厂体验生活。

12月，话剧《糠菜夫妻》作为“大众文艺小丛书之四”由新华书店发行，署名洪荒。

1944年

1月，发表剧本《婚姻有保证了》，载本年1月1日出版的《华北文化》革新3卷1、2期合刊，署名洪荒。

同月，被通知进太行区委党校，参加第三次整风学习。

1945年

4月，整风结束。根据本人要求被分到太南八分区，后到陵川县赤叶河村进行减租减息工作。

8月16日，得到日本投降消息后，立即回到分区要求参加大反攻。随民兵大队到焦作前线参加解放焦作矿区东西大井的军事行动。

1946年

秋，由豫北回长治，筹备太行区党委即将召开的群英大会。创作出《蒋军必败》《我军必胜》两幅巨型油画，并设计长治的“英雄门”。

12月，参加太行区党委召开的第二届群英会。

1947 年

2月，创作完成叙事诗《圈套（俚歌故事）》，采取俚歌形式，署名阮章競[1]，后发表于《文艺杂志》（太行）1947年第3卷第1期，文末标注时间为“1947.2. 清漳河畔”。

同月，完成《送别——记豫北 × 村参军小景》（后改名为《送别——记豫北某村参军小景》），署名阮章競，发表于《文艺杂志》（太行）1947年第3卷第2期，文末标注时间为“1947年2月7日夜”。初收《人民大翻身颂》（冈夫等著，晋冀鲁豫边区文艺创作小丛书之十九），华北新华书店1947年7月版，署名阮章競。

3月28日，完成诗作《盼喜报——一个士兵妻子给丈夫的信》，后发表于《文艺杂志》（太行）1947年第3卷第3期，署名阮章競，文末标注时间为“1947年3月28日漳河畔上”，初收《弹唱王小五》（朱襄等著，晋冀鲁豫边区文艺创作小丛书之十一），华北新华书店1947年6月版。

春，调到太行区文联任戏剧部长和中共太行区文委委员。

5月，长篇叙事诗《圈套》初收《天水岭群众翻身记》（朱襄等著，晋冀鲁豫边区文艺创作小丛书之一），华北新华书店1947年5月版，署名阮章競；太行群众书店1947年9月出版单行本，作为“农村戏剧小丛书”之一种，此版本《圈套》被列为“秧歌剧”。

9月，歌剧《赤叶河》初稿完成于涉县豆庄清漳河畔，10月在武安冶陶村召开的晋冀鲁豫土地会议上首演。

---

① 按《阮章竞评传》中的说法，“《圈套》署名阮章競，作者似乎要告别‘洪荒时代’”。可推测这是诗人较早使用本名进行创作的开始。刘增杰、王文金：《迟到的探询》，郑州：河南大学出版社，1996年版，第207页。此后，诗人刊发的文章，有“阮章竞”和“阮章競”两个署名，印为“阮章兢”的其实皆为错印。

需要补充的是，今天我们在查看诗人的著述时，常常会遇到“阮章竞”和“阮章競”两个名字。为此，笔者特意询问过阮援朝和陈培浩，两个名字一个使用简体，一个使用繁体，就当时看来都对。但诗人更偏爱使用“阮章競”。在本谱中，使用“阮章競”的文章，基本都在核实后注明，其余的一律为“阮章竞”，下同。

1948 年

2 月，四幕歌剧《赤叶河》太行新华书店初版，作者署名阮章竸，高介云等作曲。

本年度，仍在太行区文联工作。

12 月 16 日，论文《群众文艺创作上的几个问题》发表于《新华日报〈太行版〉》第 4 版。

1949 年

1 月 10 日，论文《群众文艺创作上的几个问题》当日转载于《人民日报》。

本月，创作长诗《漳河水》。

3 月，阮章竞于涉县卧虎坡（豆庄）完成了叙事长诗《漳河水》。其最初发表于 1949 年 5 月的《太行文艺》（前身为太行的《文艺杂志》）第一期。1949 年 12 月于北京完成修改稿。

5 月，参加北京召开的全国青年代表大会，大会献礼演出的是《赤叶河》。

同月，《赤叶河》作为“中国人民文艺丛书”之一，在天津新华书店出版初版本。作者署名“阮章竸著 梁寒光等作曲”。此外，还有 1949 年 9 月上海新华书店的初版本。

同月，诗选《圈套》作为“中国人民文艺丛书”之一，由新华书店出版。收入阮章竞《圈套》《送别》《盼喜报》，张志民《王九诉苦》《死不着》，共 5 首。

7 月 2 日，参加第一次文代会，被选为文代会候补理事。

7 月 7 日，在《新民报》上发表《七月诗》。

7 月 22 日出国，参加在布达佩斯举行的第二届世界青年代表大会。8 月 9 日，经苏联、波兰，到匈牙利。在会上，由阮章竞作词、郭兰英演唱的山西民歌《妇女自由歌》获二等奖。后收入诗集《漳河水》（1953）。

10 月底回国。

11 月，调华北局宣传部任文艺科长。

11 月 12 日，随笔《访列宁旧居》发表于《中国青年周刊》第 26 期，署名阮章竸。

1950 年

6 月，《漳河水》发表于《人民文学》第 2 卷第 2 期（第 6 期）[①]。

7 月 23 日，政论性杂文《敌人不滚出去，就消灭它！》发表于当日《人民日报》。

8 月，诗《红旗儿》发表于《新中国妇女》第 8 期，诗末标注时间为“1949.12.20 太原”。

9 月，叙事诗《漳河水（漳河小曲）》作为“中国人民文艺丛书”之一由北京新华书店出版初版本，署名阮章兢。

11 月，《赤叶河》（修订三版）作为“中国人民文艺丛书”之一由上海新华书店出版修订三版，梁寒光作曲。此版本在版权页标注“根据一九五〇年九月北京修订三版纸型付印”，并将 1949 年 9 月上海出版的《赤叶河》作为初版本。

12 月 16 日，组诗《人民的呼声》发表于《华北人民》创刊号。

1951 年

2 月 4 日，《谈文艺创作中的几种倾向》一文发表于当日《人民日报》。

7 月，短诗《光荣归于伟大的毛泽东——纪念党的三十周年》发表于《人民文学》第 4 卷第 3 期。

11 月 26、27、28 日，应大众文艺创作研究会之邀，《我怎样学习写作》在《文汇报》上连载。

1951 年，《圈套》被改编为五幕九场农村话剧（车荣德改编），作为“川西文艺小丛书”由川西区成都市文联筹委会出版。

1951 年任文教处副处长，年底任文艺处处长，其间曾参加电影《武训传》问题的调查和处理，直到 1954 年 9 月

---

① 按《漳河水》发表《人民文学》的时间和今天的出版算法，应为 1950 年第 6 期。但当年许多刊物都用第几卷第几期，故此两种都标出，这种情况在 20 世纪 50 年代期刊发表时是一个很普遍的现象。

华北局结束。其间一直构思长篇小说《太行山不倒》。

同年，还作短诗《婚礼新曲》《甜麦酒》，均收入《虹霓集》（1958）。

1952年

2月18日，深入北京西郊石景山发电厂参加“三反”。3月13日去上海，之后分别参加了上海市和上海文艺界的“三反”“五反”动员大会。

6月10日，作短诗《把抗议书向比内政府递送》，收入诗集《虹霓集》（1958）。

7月，作短诗《工厂里来了位客人》，收入诗集《虹霓集》（1958）。

8月，由上海回到中共中央华北局。

9月。作短诗《胜利的三年，伟大的明天》，收入诗集《虹霓集》（1958）。

本年，还作组诗《红色故乡土改歌》[①]，收入诗集《虹霓集》（1958）。

1953年

1月，《漳河水》由人民文学出版社重印第一版，收入《牧羊儿》《送别》[②]《盼喜报》《漳河水》《妇女自由歌》。

9月23日至10月6日，参加全国文学艺术工作者第二次代表大会。

11月30日，作短诗《虹桥》，收入诗集《虹霓集》（1958）。

本年，根据上一年在上海参加“三反”“五反”运动搜集的素材，创作话剧《在时代的列车上》。

1954年

6月，话剧《在时代的列车上》，由华北人民话剧团首

① 该诗在《虹霓集》中题为《土地解放歌》。

② 该诗在目录上印为《别送》，在诗集中印为《送别》。

次公演；7月，发表于《剧本》1954年第7期，署名阮章競。

9月，各中央局撤销后，到中国作家协会为驻会作家。

10月，诗一首《祖国的早晨》发表于《人民文学》第10期，署名阮章競，后收入《虹霓集》（1958）。

11月9日，评论《我看了一个好戏——话剧〈万水千山〉》刊载于当日《北京日报》。

1955年

3月，话剧《在时代的列车上》，由作家出版社出版，署名阮章競。

4月，任中国作家协会总支书记、党组成员。参加机关肃反领导小组即“五人组”，主要负责主持作协内部的各种会议。

4月30日，完成童话诗《金色的海螺》，后发表于《人民文学》第6期（署名阮章競）。长诗发表后，由中央广播电台录制成配乐诗朗诵，并被多次播出。

6月30日，《“政治嗅觉必须放灵些”》发表于《文艺报》第12期。

8月，诗一首《“永远大吃一惊”》发表于《新观察》8月号第15期，写作时间“1955年7月”，后收入《虹霓集》（1958）。

12月，完成童话诗《牛仔王》。

同年，写作《马猴祖先的故事》。

在《写给孩子们的话》一文中，阮章竞曾写到为什么写儿童诗：“一九五五年，共青团中央和全国妇联，要求文学工作者给孩子们多写文学读物。这个号召得到了诗人、作家的热烈响应。我能写些什么呢？自然而然勾起我对童年的回忆，想起自己曾经是个童话迷来。于是就想把小时候在芭蕉林里、大榕树下、木棉树旁听到的童话，选择一些比较有意义的，富有想象力的，充满童心稚气的，加以整理，给孩子们读。我曾经打算写五六个这样的童话。可是没想到写了两首长的童话诗和一个短的童话诗之后，再挤不出时间写了。”①

1956 年

2 月，《金色的海螺》由中国少年儿童出版社出版，署名阮章蔻，米谷插图。1959 年获“建国十年来优秀创作奖”。

4 月，《马猴祖先的故事》发表于《人民文学》1956 年 4 月号（署名阮章蔻）。

11 月 6 日，创作短诗《寄松巴泰》，收入诗集《虹霓集》（1958）。

冬，赴任中共包头钢铁公司党委委员、宣传部部长。至 1959 年冬，一直在包钢工作②。

12 月 5 日，作短诗《塞上重逢》，后收入诗集《虹霓集》（1958）。

12 月 14 日，记有工作笔记，今以“开辟时期笔记两则”收入《熊熊炉火照天赤》（2017）。

1957 年

1 月，作短诗《雪海中的宝岛》和《登白云鄂博》，发表于本年《新观察》第 9 期。后收入《虹霓集》（1958）。

2 月 5 日，诗一首《早晨的礼炮》发表于《人民日报》上，文末标注时间为“1957 年 1 月”，后最早收入《虹霓集》(1958)。

2 月 26 日，短诗《青春之歌》发表于当日《中国青年报》，后收入《虹霓集》（1958）。

3 月，在《人民文学》3 月号发表《富丽的宝山（外一首）》，包括《富丽的宝山》（创作时间标注为“1957 年 1 月 5 日”）、

---

① 阮章竞：《金色的海螺及其它》，北京：中国少年儿童出版社，1983 年版，第 1 页。

② 具体时间考证，参见陈培浩、阮援朝合著的《阮章竞在建国后十年的若干史料》，《新文学史料》，2013 年第 1 期。

《富丽泉之歌》（创作时间标注为“1957年1月5日夜”），后收入《虹霓集》。在《诗刊》3月号，发表组诗《风砂三章》。具体包括《冬天里的春天》（创作时间标注为“1957年1月5日夜”）、《风雪夜里的狼嚎》（创作时间标注为“1957年1月15日夜”）、《风砂》（创作时间标注为“1957年1月30日”），后收入《虹霓集》（1958）。

3月，回京参加创作规划会，会上钟惦棐的文章《电影的锣鼓》受到批判；在包钢的四年，曾以作家身份几次回京开会。1957年7月14日，离开包钢三个月，参加批判“丁陈反党集团”的作协党组扩大会。

6月，长篇童话诗《牛仔王》发表于《作品》第6期上，署名阮章兢，篇末标注“1955年12月写于北京　1957年4月整理”。

8月，在《诗刊》8月号发表《招魂》一首，后收入《虹霓集》（1958）。

9月15日，在《文艺报》第23期发表和李季共同署名的文章，题为《诗人乎？蛀虫乎？——一九五七年八月二十八日在中共中国作家协会党组扩大会议第二十二次的发言》。

9月22日，《“宇宙歌王”》发表于《文艺报》第24期。后收入《虹霓集》（1958），诗末标注时间为“1957年9月”。

9月，在《解放军文艺》第9期发表《塞上重逢》，后收入《虹霓集》（1958），诗末标注时间为“1956年12月5日夜”。

10月，在《人民文学》第10期，发表《向右公列传》，篇末标注时间为“1957年8月15日”，后收入《虹霓集》（1958）。在《诗刊》10月号发表系列诗《时代需要多少歌手》一首（创作时间标注为“1957年9月15日”），后收入《虹霓集》（1958）。在《新港》第10期发表《一本书上的女王》，后收入《虹霓集》（1958），收入时题为《坐在一本书上的“女王”》，诗末标注为“1957 年 11 月重写”。

11 月，在《诗刊》11 月号发表组诗《钢铁大街》。具体包括《乌拉山麓下》《大街的早晨》《昆独崙河桥》（该诗标注时间为“1957 年 5 月”），后收入《虹霓集》（1958）。从本期开始，阮章竞被列为《诗刊》编委。

在《延河》11 月号上发表《我的同代人》诗一首，署名阮章競，文末标注时间为“1957 年 2 月 20 日”，后收入《虹霓集》（1958）。

11 月 27 日，写了第一篇特写《矿山医生》，后发表于《人民文学》（1958 年 2 月号）。

11 月 28 日，记有工作笔记，今以“开辟时期笔记两则”收入《熊熊炉火照天赤》（2017）。

12 月，阮章竞作诗、吴静波绘画的《漳河水画册》由人民美术出版社出版。

本月，创作儿童长诗《草原的风雪》，发表于 1958 年《儿童文学丛刊》第 2 期，收入《虹霓集》（1958）。

1958 年

1 月 8 日，特写《他们只有一把铁钳》发表于当日《人民日报》。

1 月，组诗《新塞上行》发表于本年《收获》第 1 期。后收入《虹霓集》（1958）。

2 月 11 日，诗《钢铁的誓词》发表于《文艺报》第 3 期，署名阮章競。后收入《虹霓集》（1958），诗末标注时间为“1957 年 12 月 26 日”。

本月，报告文学《矿山医生》发表于《人民文学》2 月号，文末标注时间为“1957 年 11 月 27 日”，署名阮章競；后收入与吴强等人合著的散文集《青春的光辉》（封面署名阮章竞）。散文《张开了翅膀的草原》发表于《诗刊》第 2 期“生活与创作”专栏，署名阮章競，篇末注明时间为“1957 年 12 月 17 日”。

4月，诗一首《千古初开向日葵》发表于《火花》（太原）4月号（诗歌特辑），诗末标注时间为“一九五七年夏日”。署名阮章竞，后收入《虹霓集》（1958）。

6月，在《诗刊》6月号发表组诗《春歌集》，包括《春长在》《采春歌》《回寄镜铁山》《中流砥柱头上歌》《石油喜讯》5首，署名阮章競。

7月，《牛仔王》由中国少年儿童出版社出版，张光宇插图，诗末标注时间为“1955年12月写于北京”。

7月19日，短诗《伊拉克共和国万岁》发表于当日《人民日报》。

7月25日，诗一首《准备给放火者还以大火葬》发表于《诗刊》“支持阿拉伯各国独立民族运动增刊”，署名阮章竞，后收入《勘探者之歌》（1963），诗末标注时间为“1958年7月”。

8月3日，《诗刊》编辑部召开关于新诗发展问题的座谈会，阮章竞在会上作了题为《群众对诗人的要求是什么》的发言，后以《群众对诗人的要求是什么——1958年8月3日在“诗刊”编辑部的座谈会上的发言》为题发表于《诗刊》8月号（后收入《诗刊》编辑部编写的《新诗歌的发展问题》第一集，作家出版社，1959年版）；同期《诗刊》还发表了阮章竞的诗《照亮历史的巨光》一首。

9月，《诗刊》9月号发表阮章竞的《最后的警告》一首，系“坚决反对美帝国主义的军事挑衅和战争威胁！”专栏作品，后收入《勘探者之歌》（1963）。

9月14日，短诗《包钢给武钢唱凯歌》发表于当日《人民日报》，诗末标注时间为“1958年9月13日”。

9月19日，短诗《英雄母亲大点名》发表于当日《人民日报》，后收入《迎春橘颂》（1959），诗末标注时间为“1958年9月17日”。

10月，《虹霓集》由作家出版社出版。除《虹霓（代序）》外，分六辑。具体为“祖国的早晨”7首；“山野的新歌”10首；“新塞上行”20首；“青春之歌”3首；“文末的心溶合在一起”4首；“净街外篇”8首，共52首。诗集中的有些诗有修改现象，对此，诗人在《虹霓（代序）》（第8页）中指出：“收在这集子中的诗，有的在发表后做过整理、修改，有几首改得如同重写。……现在看来还是没有改好。如将来有机会，我还是会再修改的。”

10月11—15日，记有工作笔记，今以“矿山笔记四则”收入《熊熊炉火照天赤》（2017）。

10月20日，创作短诗《升起红旗迎朝阳——祝宁夏回族自治区成立》，后收入诗集《勘探者之歌》（1963）。

12月，《漳河水》由人民文学出版社出版。在署名为“人民文学出版社编辑部”的在书前所写的“出版说明”中，可以了解以下一些情况，“这是作者自一九四〇年到一九四九年期间用民歌形式写的一本诗集”“本书于一九五〇年九月原由北京新华书店出版，一九五三年一月由我社重印，一九五八年三月由通俗文艺出版社出版增订本，现据增订本经作者略加修改重排印行”。此版本虽名为《漳河水》，实为增订本，而1950年、1953年的两本仅收录《漳河水》一部作品。

1958年年末任包钢第一号高炉指挥部成员。

1959年

1月8日—10日，记有工作笔记，今以“水源地笔记三则”收入《熊熊炉火照天赤》（2017）。

1月19日，特写《将以凯歌报祖国——建设中的包钢》发表于当日《人民日报》第2版。收入《远城新天》，内蒙古人民出版社，1963年8月。

2月21日，短诗《迎春橘颂》刊载于当日《人民日报》。后收入诗集《迎春橘颂》（1959）。

3月，协助中央新闻电影制片厂创作完成纪录片《绿野红珠——包钢》的脚本，完成片名为《草原钢城》，全面反映包钢建设的壮美场景，在全国引起了轰动[①]。此文以《原野红珠》为题，收入《远城新天》，内蒙古人民出版社，1963年8月；后收入《熊熊炉火照天赤》（2017）。

本月，在《草原》上发表组诗《战黄河》，具体包括《战黄河》《炸黄河》《镇流沙》《尾声》4首，署名阮章竞，后收入《迎春橘颂》，收入时《尾声》更名为《凯歌飞报毛主席》，诗末标注时间为"1959年1月"。

4月，《雁群（外一首）》发表于《人民文学》第4期。具体包括《雁群》《丙班》两首，诗末标注时间为"一九五九.一月"，署名阮章竞，后收入《迎春橘颂》（1959）。

初夏，妻子赵迪之前来包钢探亲。

7月，在《诗刊》7月号发表组诗《乌兰察布》，包括《乌兰察布》《银河》《光环》《紫微星》4首。均未标注具体创作时间，后在收入《迎春橘颂》时，《紫微星》一诗诗末标注时间为"1959年1月"。

秋，慢性腹泻在包钢反复发作，不得不回京治疗。

9月，《迎春橘颂》由人民文学出版社出版。包括"序"和六个专辑，共收入诗44首。其中，"从胜利走向胜利"包括诗6首；"山野的新歌"包括诗9首；"新塞外行"包括诗13首；"乌兰察布"包括诗6首；"万里东风古塞红"包括诗9首；"童话"包括《金色的海螺》1首。

本月，组诗《大河赞》发表于《诗刊》9月号。包括《大河赞歌》《时代的大门开》《齐唱欢歌向太阳》《黄河水，

① 据燕歌《万里炉火照天赤——缅怀诗人阮章竞先生》一文记录，剧本名字为《草原红珠》，收入李容焕、余丛、阮援朝编：《永远的阮章竞》，广州：暨南大学出版社，2013年版，第193页。而由陈培浩、阮援朝所著的《阮章竞评传》中，电影片名为《草原钢城》，桂林：漓江出版社，2013年版，第156页。此外，在《阮章竞评传》中，燕歌的《万里炉火照天赤——缅怀诗人阮章竞先生》一文所注明的出处和时间为《包头广播电视报》，2011年1月15日。

不再黄》《鲤鱼母亲之歌》，诗末标注时间为“一九五九年八月”，署名阮章競。后收入《勘探者之歌》（1963），列“新黄河赞”专辑，并将《大河赞歌》改名为《新黄河赞》，文字有修改。《齐唱欢歌向太阳》的法文翻译者为 Michell Loi，收入 *Poetes du peuple chinois*，法国巴黎 Pierre Jean Oswald 出版社，1969 年版。

本月，由包头市文艺献礼办公室编、著者署名“阮章竞等著”的《最红的光速》，作为“建国十周年文艺献礼选集之二”编辑出版。收录阮章竞的特写两篇《最红的光速》（文末标注时间为“1958 年 10 月 25 日于包头”）和《将以凯歌报祖国》。

9 月 18 日，记有工作笔记，今以“高炉工地笔记五则”收入《熊熊炉火照天赤》（2017）。

9 月 30 日，长诗《献祖国——钢铁黄河第一支凯歌》发表于当日《人民日报》。

10 月 15 日，包钢一号高炉建成剪彩，周恩来、陈毅等领导人专程从北京赶来。对于这一经历特别是周总理的讲话，阮章竞相继创作有《鹿的地方》和《欢欢喜喜来塞外》，还有《周总理从北京来》。后来，阮章竞将这一记忆写进《阮章竞诗选》的“序”[①]。

同日，记有工作笔记，记录周恩来总理的谈话，今以“高炉工地笔记五则”收入《熊熊炉火照天赤》（2017）。

本月，在《人民文学》第 10 期发表《钢都颂》一首，署名阮章競。后收入《勘探者之歌》（1963），诗末标注时间为“1959 年 9 月”。

《一支马兰花》刊发在《新港》第 10 期，后收入《勘探者之歌》（1963），诗末标注时间为“1959 年 7 月”。

本月，回京参加会议。

---

① 阮章竞：《阮章竞诗选》，北京：人民文学出版社，1985 年版，“序”第 6—7 页。

12月8日，参加在京召开的全国文化工作会议。

本年度，还写有特写多篇，其中《假小子——胡桂芝》发表于《中国妇女》第4期。

1960年

1月，重回中国作协。

本月，在《诗刊》1月号发表《周总理从太阳的家乡来》诗一首，诗下有注："此诗原题《周总理从太阳之城来》。后见十月号《诗刊》有丁力同志歌颂北京的《太阳的家乡》，觉得题名很好，故借用，并向丁力同志致谢！"署名阮章兢。《寄鞍山》发表于《文艺红旗》第1期，文末标注时间为"1959年10月12日"，后收入《熊熊炉火照天赤》（2017）。

4月，任《诗刊》副主编，此前副主编只有徐迟一人。此现状维持到1962年年初。

5月15日，短诗《临江仙》发表于当日《大众日报》。

5月，完成《白云鄂博交响诗》初稿。此稿从1958年12月开始创作，"断断续续写成的初稿"[①]。

6月，在《诗刊》6月号发表《风暴颂》一首，同时配有中央美术学院版画系三年级集体创作的木刻。署名阮章兢，诗末标注时间为"1960.6.4"。《向"瘟神"开炮》，发表于6月18日的《光明日报》；《日本人民站立起来》，发表于6月20日的《人民日报》，后均收入诗集《勘探者之歌》（1963）。其中，《日本人民站立起来》收录时诗末标注时间为"1960年6月17日"。

7月20日至8月13日，参加全国文学艺术工作者第三次代表大会。

7月，诗《日本人民干得好》（华君武配画），发表于《解放军文艺》，后均收入诗集《勘探者之歌》（1963）。

① 阮章竞：《白云鄂博交响诗》，《人民文学》，1960年第9期，第38页。

9月,《白云鄂博交响诗》发表于《人民文学》本年度第9期。全诗将近一千六百行，除《序诗》和《尾曲》外，共有五章，分别是第一章《白云巴特尔》、第二章《阿尔斯朗》、第三章《红泉歌》、第四章《今天的清晨真迷人》和第五章《春天的歌》。

本月，在《诗刊》9月号发表诗论《英雄的时代需要英雄的诗篇》，该文系《诗刊》在8月9日和12日，邀请出席全国第三次文代会的诗人们举行的诗歌座谈会时，部分同志的发言记录。署名阮章競。

10月，被委托代表茅盾陪同波兰作家协会主席到全国各地参观访问。

11月，诗《灯海》发表于《解放军文艺》11月号。

1961年

1月，在《诗刊》第1期（本年度改为双月刊，期数由“几月号”改为“第几期”）发表《高歌团结到明天（歌词）》一首。后收入诗集《勘探者之歌》（1963）。

1月31日，短诗《悼亚凡》发表于当日《人民日报》。

2月22日，短诗《刚果，踏着血泊前进！》发表于当日《人民日报》。后收入诗集《勘探者之歌》（1963），诗末标注时间为“1961年2月18日”。

2月，与周而复等人组成中国作家代表团经苏联、瑞士，到墨西哥参加拉丁美洲保卫世界和平大会。3月26日到古巴，5月3日离开古巴[①]。出访古巴之际，根据访问的印象，创作组诗《四月的哈瓦那》37首，先后在国内一些报刊上发表，后收入诗集《四月的哈瓦那》（1964）。

8月20日，诗一首《阿托埃依祭》发表于当日《人民日报》，诗末标注时间为“1961年5月”。后收入《四月的哈瓦那》

---

① 依据阮援朝为西班牙语和汉语互译本《四月的哈瓦那》所写的“后记”，北京：五洲传播出版社，2015年版，第158页；而在陈培浩、阮援朝的《阮章竞评传》中，阮章竞归国时间记为“4月下旬回国”，第200页。

（1964）。

9月23日，诗一首《自由古巴诞生地》发表于当日《人民日报》，诗末标注时间为“一九六一年五月写于圣地亚哥，八月改于北京”。同期附画《卡斯特罗等82人登陆处》。后收入《四月的哈瓦那》（1964）。

11月下旬，到江西井冈山参观小住三月有余。访问井冈山、兴国、瑞金等老革命根据地。1962年2月下旬回北京。

12月，访问江西时创作组诗《沿着历史的长河行》13首，后收入《勘探者之歌》（1963）。同时，拾起画笔，不时搞些诗画同题的创作。

同月，在《人民文学》1961年第12期发表组诗《四月的哈瓦那》，署名阮章競。包括《清晨的哈瓦那》《在空对地导弹下》《埃杜阿罗多·加罗卡》《火的天罗》《四月十六日》《热风吹沸哈瓦那》。文末标注时间为“一九六一年四月十六日夜写于哈瓦那，九月改于北京”。（笔者注：标注原文为横排两行），另注有“董洪元 插图”，后收入诗集《四月的哈瓦那》。

1962年

1月，《诗刊》（双月刊）第1期初版，阮章竞列为编委，不再担任副主编。

2月，由江西老革命根据地访问回京。

4月，正式调离《诗刊》，任新华北局宣传部副秘书长。

5月29日，戏剧评论《遗音三日绕屋梁——看赣剧青阳腔〈西厢记〉》，发表于当日《人民日报》。

7月2日，诗一首《祖国黎明的钟鼓楼——谒叶坪苏区中央局会议室和毛主席办公处》发表于当日《人民日报》，诗末标注时间为“1962年2月17日瑞金”。后收入诗集《勘探者之歌》（1963）。

7月，在《诗刊》1962年第4期发表组诗《沿着历史的长河走》（诗八首并画）。依次为《赣南行》《过宁都》（标注时间为“1962 年 2 月 13 日于瑞金道上”）《瑞金道上》（标注时间为“1962 年 2 月 13 日瑞金”）《瑞金好》（标注时间为“1962 年 2 月 14 日瑞金”）《云龙桥》《谒叶坪》《红军桥》《梅坑》（标注时间为“1962 年 2 月写于途中 6 月修改于北京”），配画四幅。

10 月，在《人民文学》第 10 期发表组诗《科奇诺斯湾颂》，诗下有编者注：

> 阮章竞同志曾于一九六一年四月访问古巴，回国后，写了组诗《四月的哈瓦那》，发表在本刊一九六一年十二月号。《科奇诺斯湾颂》是该诗的第二组。诗中提到的长海滩、希隆滩，是古巴萨巴塔半岛科奇诺斯湾的两处地名。一九六一年四月，英雄的古巴人民在此全部歼灭了进犯的美国雇佣军。
>
> ——编者

组诗具体包括《哈瓦那之夜》《黎明早潮震海城》《等待》《沿着战车的轮辙行》《长海滩》《赞英雄》《血随着电波向全国飞》《希隆道上》《海献凉风浪献花》。组诗末标注时间为“一九六一年四月，哈瓦那 一九六二年九月改于北京”（笔者注：标注原文为横排两行），另注有“潘高 插图”，后收入诗集《四月的哈瓦那》（1964）。

10 月 30 日，政论性文章《说得来就做得到的伟大人民》发表于当日《人民日报》。

11 月，在《诗刊》第 6 期发表读雁翼诗集的评论文章《读〈白杨颂〉》。同期还发表诗《高唱〈国际歌〉挺进——纪念〈国际歌〉作词者欧仁·鲍狄埃逝世 75 周年和作曲者比尔·德盖特逝世 30 周年》一首。

12 月，少年儿童出版社出版发行彩色配图拼音版连环画《马猴祖先的故事》，封面署名为“阮章竞写 严折西画”。

本年度，还创作《不老的樟树 (外一首)》，发表于《解放军文艺》第 8 期。

1963 年

1 月 9 日，阮章竞给文学研究所刘守华回信，答复关于自己诗歌的一些问题，其中花很大篇幅说到《白云鄂博交响诗》，其中一再强调此诗“不是诗”[①]。

2 月，《人民文学》2 月号发表阮章竞的组诗《忆松树岛》，具体包括《白海滩》《黑海滩》《怀念》3 首，组诗末标注时间为“一九六二年十月”。后收入诗集《四月的哈瓦那》（1964）。

同月，诗《古巴沼地行》发表于《北京文艺》2 月号。后收入诗集《四月的哈瓦那》（1964）。

3 月，在《上海文学》1963 年第 3 期发表《多宝湖边花》一首，诗末标注时间为“一九六一年四月十日”。后收入诗集《四月的哈瓦那》（1964）。

3 月至 8 月[②]，两次重回太行山，为长篇小说《群山》做准备。同时“从一些同时代老同志那里，找到几个残缺不全的油印本子和哼哼回忆起来的小演唱。我根据这些资料，整理出《秋风曲》《民兵之歌》《姜四娘》。《柳叶儿青青》是一九四三年春以诗剧形式试写的一首演唱长诗，随后改编成小歌剧，更名《比赛》演出。这次我找到了一九四四年太行韬奋书店出版的这个小剧本”[③]。

---

① 阮章竞：《阮章竞与友人论诗的信》，《长江学术》，2007 年第 2 期。

② 《阮章竞评传》，刘增杰、王文金：《迟到的探询》，郑州：河南大学出版社，1996 年版，第 238—239 页。

③ 阮章竞：《阮章竞诗选》，北京：人民文学出版社，1985 年版，“序”第 4 页。

4月，在陵川县黑山底大队参观访问，作古绝《题黑山底》。

7月至11月，为了配合“四清”运动，写了八场说唱剧《红松山》。

8月，诗集《勘探者之歌》由作家出版社出版，署名阮章競。除《勘探者之歌》外，诗人将近年来的新作分为四辑：“新黄河赞”5首“是歌颂黄河的水利建设的”；“钢都颂”9首“描绘了包钢的跃进风貌”；“沿着历史的长河行”13首“是作者访问江西革命根据地后所写的内心感受”；“风暴颂”10首“是声援各国人民反帝斗争的十篇”①。共38首，另有阮章竞插图三幅。

本年度，《金色的海螺》由上海美术电影制片厂于1963年制作成剪纸动画片（35分钟），动画片由万古蟾担任导演，包蕾任编剧。1964年在印尼获第三届亚非电影节卢蒙巴奖。

1964年

2月，《四月的哈瓦那》由作家出版社出版，署名阮章競。共收入独立且篇幅较长的诗9首，另有组诗《忆松树岛》（3首）、《四月的哈瓦那》（6首）、《科奇诺斯湾颂》（9首）。这是诗人访问古巴的诗集，诗末均标注写作时间，部分是在古巴所写，大部分为归来后的创作。内有中国画彩色插图一张，为阮章竞1961年8月所绘的《卡斯特罗等82人登陆处》。

4月，选自歌剧《赤叶河》的作品《燕燕下河洗衣裳》由音乐出版社出版。该作品由阮章竞作词、梁寒光作曲，由女高音独唱。

7月，《白云鄂博交响诗》由作家出版社出版。包括“序诗 乌兰察布”“第一章 白云巴特尔”“第二章 阿尔斯朗”“第三章 红泉歌”“第四章 今天的清晨真迷人”“第五章 不落的太阳歌”“终曲 《东方红》起看清晨”共7部分，诗末标

① 关于各辑内容，见该诗集“内容说明”。

注“1958年12月—1960年5月，第一次稿 1963年2月，第二次稿”（笔者注 此处原文横排两行），封面、插图署名“官布”，诗集内有彩色插图4幅。按照书前“内容说明”，“这是一部反映我国社会主义钢铁基地建设的长诗”“长诗曾在一九六〇年发表过。这次出版前，作者重新作了较大的修改”。

8月，诗《重上太行山》发表于《解放军画报》第8期。

10月，由中共中央华北局派往山西洪洞县参加社会主义教育运动，驻白石公社四清工作团。

1965年

5月，由山西洪洞县返中共中央华北局所在地北京。

夏，始拟长篇小说《山魂》[①]一、二卷提纲。

9月，正值抗日战争胜利二十周年纪念，在《人民文学》第9期发表描写抗战的中篇小说《清晨的凯歌》，此作品后来由长春电影制片厂改编为故事片《密令截击》，1981年推出。

1966年

1月至4月，在北京继续写长篇小说《群山》。在将近一年的时间里，写出了这部长篇小说的第一卷提纲和第二卷提纲的初稿。不久，因“文化大革命”开始，写作中断。

1968年

1月，阮章竞主动要求随李雪峰调到河北工作，任河北省革委会政治部文教组干事，结束了在新华北局近六年的工作生活。自此至1972年夏，一直没有离开石家庄。

1970年

冬，开始动笔写童年的回忆录即后来的《故乡岁月》，完稿时为1985年秋。该书于20世纪80年代初期曾被列入出

① 阮章竞在《我为什么要写〈霜天〉》一文中解释过：“拟写这卷长篇时原定书名为《群山》……后因写作时间太长，当第一卷脱稿，在社会上以‘群山’命名的书太多了，就改为《霜天》，而太行山的伟大形象，我舍不得放弃，故加了个总称‘山魂’。”

版计划，但写完时出版计划时间已过，后于 2012 年 10 月在人民文学出版社出版，具体见本谱相关部分。

1972 年

7 月，因接受写作长篇叙事诗《海河》的任务，离开石家庄，到海河流域做实地考察。自此至 1973 年，边考察，边写作。1973 年 11《海河》脱稿。这首长诗尚未发表。

本年度，任文教组副组长。

1973 年

3 月，《海河》改完二稿。

11 月，写诗《卵石》，后收入《晚号集》。

1974 年

4 月 13 日，作诗《画鹗祸》。后收入《晚号集》。

10 月，继续长篇小说的写作。

1975 年

5 月，调入北京市文化局创作评论组。

1976 年

3 月，《攀登高路入云端——学习毛主席词二首》一首发表于《诗刊》1976 年 2、3 期合刊。

9 月，作短诗《缅怀毛主席长江万古流》载于《人民文学》第 9 期。

本年，仍在北京市文化局创评组。

1977 年

1 月 10 日，发表短诗《缅怀周总理》，刊载于当日《北京日报》。

5 月，在《人民文学》第 5 期发表反思性回忆散文《五月山花红似火》。

9 月，在《诗刊》发表“热烈欢呼党的十一大胜利召开”的诗《壮丽的凯歌》一首。诗《缅怀毛主席 长江万古流》发表于《人民文学》第 9 期。

11月，《漳河水》在人民文学出版社出版第2版，作者署名阮章竞。在“再版后记”里，诗人写道：粉碎“四人帮”以后，“又一个文艺的早春已经到来”“我愿像煤一样，能将自己余生之热，完全献给这个百花齐放的春天”。

12月，在《诗刊》第12期发表批判“文艺黑线专政论”的文章《叛徒的屠刀》。

12月31日，文《航灯——读毛主席给陈毅的信》发表于当日《光明日报》。

1978年

1月17日，《在华主席的指挥下战斗》发表于当日《人民日报》，系参加《人民文学》编辑部百人座谈会上的发言。

2月，被选为第五届全国政协委员，是文艺界65名代表之一。

2月24日至3月8日，参加全国第五届政协第一次会议。

4月，在《人民文学》发表《江城子·新长征——庆祝五届人大胜利闭幕》一首，诗末标注时间为“一九七八年三月五日夜”。

7月6日，短诗《怀念朱总司令》，发表于当日《人民日报》。

8月，向北京市委提出继续写作长篇小说《群山》的要求，应允后即到北戴河写作一个月。

9月，回北京，参加筹备恢复北京市文联的工作。

11月，作短诗《丰碑与血》。

1979年

上半年，为继续写作长篇小说《群山》，在北京走访当年在太行山跟随朱德、彭德怀、刘伯承、邓小平同志工作的老同志。

夏，长篇小说《山魂》一卷始稿于北戴河。

7月至10月，沿着我军抗日出征和刘邓大军前进的路线，在黄河北岸进行调查访问。

7月21日，短诗《题赤峪石雷故战场》发表于本年《星星》12月号。后收入《夏雨秋风录》（1993）。

9月10日至27日，创作抒情长诗《溯河千里行》。

9月29日，创作短诗《秋风楼渡口》。

本月，在调查访问途中，作画《三门峡排淤口》《砥柱中流与张公岛》《李桥渡口》《洛阳龙门口》《武周山道》《茅津渡》；创作短诗《来去卫河哭小川》和《南无阿弥陀》。其中，《洛阳龙门口》和《武周山道》两幅画，发表于1980年《江城》7月号上。《来去卫河哭小川》发表于《华夏诗报》1989年9月总8期。《南无阿弥陀》发表于《北京日报》1980年8月17日。

10月，作组诗《十月秋山》，后发表于1980年《作品》8月号；作短诗《“旗手”“勇士”歌》，后发表于1980年《北京文艺》9月号，后收入《夏雨秋风录》（1993）。

同月还作《苇泽关瀑布》《雁门关》《七亘西口》和《五台豆村道上》4幅画。

同月，调查访问归来，参加全国文学艺术工作者第四次代表大会。

11月，创作短诗《难道生活就是这样吗？》，后收入《夏雨秋风录》（1993），诗末标注时间为“1979年11月8日”。

11月23日，和刘守华再次通信，承认《白云鄂博交响诗》是“诗”，并说明理由[①]。

12月，参加北京市人民代表大会，当选第七届北京市人大常委会委员。

1980年

2月21日，短诗《春在奔行》发表于当日《北京日报》。

2月下旬，参加北京市第七届人代会。当选北京市第七

① 阮章竞：《阮章竞与友人论诗的信》，《长江学术》，2007年第2期。

届人大常委会委员。

3月20日，短诗《哭李季同志》发表于当日《人民日报》，后收入《夏雨秋风录》（1993），收入时名为《哭李季》。

5月，赴山西太原写作长篇小说《群山》。在太原期间，曾到山西境内一些地方参观访问。

5月27日，《樱与松——送华国锋同志访日》发表于当日《人民日报》[①]。

5月，《金色的海螺》获第二次全国少年儿童文艺创作一等奖。此评奖作品对象为1954—1979年的儿童文学创作[②]。

6月，作画《晋祠周柏》。

同月，当选北京作家协会第一届主席和北京市文联副主席。

同月，《秋风楼渡口》一首发表于《诗刊》第6期。诗前作者写有“一九八〇年三月整理补记”。通过对自己经历的讲述，即“我从台前和范县沿黄河西行，去年九月二十九日寻到了庙前渡口”[③]，回顾了革命历史，缅怀了抗日将士。后收入《夏雨秋风录》（1993）。

7月，作画《雨中玄中寺塔》。

8月，创作组诗《夏日山村》（共10首），其中4首发表于1981年《诗刊》2月号，另6首发表于1981年《河北文学》12月号。

同月，诗歌《十月秋山、骆驼道、晚晴》发表于《作品》第8期。诗《我问——五台山缅怀彭总》发表于《解放军文艺》第8期。

---

① 据亚思明在《阮章竞与〈人民日报〉的“笔墨官司”》一文中的考证，该诗的副标题是编辑自行加上的，具体见《新文学史料》，2016年第3期。

② 具体参见中国作家网（www.chinawriter.com.cn）2020年5月22日刊登的《纪念第二次全国少年儿童文艺创作评奖四十周年》。

③ 《诗刊》，1980年第6期，第40页。

9月，作画《天宁寺远望》《十月秋山》《卦山古柏山道》《卦山天宁寺古柏》。同月发表诗配画《悲古柏》，刊载于本年11月6日《太原日报》。

诗《“旗手”“勇士”歌》发表于《北京文艺》第9期。

秋，长篇小说《山魂》第一卷成于晋祠。在本年度，《邯长大道》(长篇小说《群山》第一卷中的三章)发表于《时代的报告》1980年第4期。

10月，系列组诗《溯河千里行》发表于《人民文学》10月号。该诗由14小节构成，诗末标注时间为“一九七九年九月写于途中”。另注有“题图 赵士英”。后收入《激流——刘邓大军征战记》(1986)军事译文出版社出版,《夏雨秋风录》(1993)。

11月6日，诗《悲古柏》发表于《太原日报》。

11月,作画《多云的汾河上空》《垣曲山口》《黄河壶口》,诗配画《王屋山道》《大禹渡》，诗《濛濛小雨茅津渡》。

同月，童话诗《牛仔王》收入建国以来广东儿童文学作品选第二集《木棉树下的童话》，广东人民出版社1980年11月版。

年底，自太原返回北京。

1981年

1月至7月，在北京继续写作长篇小说《群山》。部分内容陆续发表，其中，《群山》(选载)发表于《十月》1981年第3期；《群山》(第一卷选载)发表于《昆仑》1982年第3期。

2月，《诗四首》发表于《诗刊》第2期。具体包括《野桥》《山间小学》《布谷》《庙会》，后收入《夏雨秋风录》(1993)，收入时《山间小学》改名为《小学门前》。

本月，作短诗《忆岐江——为故乡〈中山〉题》，发表于本年《中山》第2期。后收入《夏雨秋风录》(1993)。

3 月，1979 年元旦创作的短诗《茅公为广场题字歌》，发表于本年 3 月 29 日《北京日报》；《壶口》，发表于本年《旅伴》第 5 期。后均收入《夏雨秋风录》（1993）。

4 月 7 日，《哀悼茅盾长者》发表于当日《人民日报》，后收入《夏雨秋风录》（1993），诗末标注时间为“1981 年 4 月 7 日”。

7 月至 10 月，沿当年刘邓大军过黄河挺进大别山的路线，进行考察访问。自郑州花园口出发，经河南省开封、周口、息县、光山、商城，从商城县上大别山，进入安徽境内。在三个月里，写出组诗《大军之路》9 首。作画《洪河古桥》《大军徒涉淮河处》《光山净居寺》等。

9 月 1 日，杂文《为胜利者录像》发表于当日《北京日报》。

10 月中旬至 11 月初，游览黄山等地，作画《仙女峰口画云海》《排云殿前观西海》《黄山清凉台》等。创作《诗三首》（《别歙县太白楼》《观歙砚厂制砚》《宣纸厂题句》），发表于《安徽文学》1982 年第 3 期。

11 月初，从安徽回北京。

1982 年

1 月 29 日，短诗《向科技工作者祝贺春节》，刊载于当日《北京科技报》。

同月，诗《过花园口》发表于《奔流》第 1 期。

3 月，自述创作文字《漫忆咿呀学语时——谈谈我怎样学习民歌写〈漳河水〉》发表于《文艺研究》第 2 期。后被《中国人民大学复印资料・中国现代、当代文学研究》1982 年第 12 期转载。

4 月 8 日，《净居寺・古银杏》刊载于当日《文学报》。

5 月，阮章竞原著，贾秉恒改编，谷照恩绘画的连环画《将军的末日》由天津人民美术出版社出版第 1 版。

5 月 1 日，诗《永不熄灭的矿灯》发表于当日《北京日报》。

5月22日，文论《文学，要以共产主义思想武装自己》发表于当日《北京日报》。

本月，《诗刊》5月号发表了《漫忆四十年前的诗歌运动》（上），收入阮章竞的回忆文章①。

6月29日，诗配画《老区行三首》发表于当日《北京日报》，包括《七亘故战场》（1963年夏）、《茅津渡》（1979年秋）、《吕梁山周柏》（1980年夏）。

8月6日，到庐山参观中共八届八中全会会址等史迹。作诗配画《黄龙潭》《乌龙潭前》《三宝树》《庐山祝愿》和水彩画《含鄱口》。

8月中旬，自庐山至南京。不久即从南京返回北京。

8月24日，歌词《我走在北京的大街上》发表于当日《北京日报》。

9月7日，诗《向新纪元起飞》发表于当日《北京日报》。

本月，为开封翰园碑林题《七绝·开封》。

9月30日至10月中旬，随中国文联代表团访问意大利。

10月1日，来到意大利罗马，在途中和归来后写有组诗《意大利的歌》，后分开发表。

10月2日，《中秋》写于在意访问期间，后译成意大利语，发表于《意大利作家总工会双月刊》。

本月，诗《山西好》一首发表于《山西文学》第10期。后收入《夏雨秋风录》（1993），诗末标注时间为“1979年

---

① 在正文之前，有编辑按语：

为了发扬诗歌的革命传统，促进诗歌的繁荣，我社于毛泽东同志的《在延安文艺座谈会上的讲话》发表四十周年前夕，分别在三月六日和三月十五日，邀集在京的部分老诗人举行了两次座谈会，漫忆在延安文艺座谈会前后解放区和国统区的诗歌活动情况。第一次座谈会的参加者有戈扬、艾青、田间、白原、朱子奇、阮章竞、严辰、邹荻帆、贺敬之、魏巍。第二次有王亚平、牛汉、方殷、丘琴、吕剑、刘岚山、杜运燮、严辰、邹荻帆、陈敬容、林林、柳倩、袁水拍、绿原、曹辛之、臧克家。

座谈记录将分两期刊载。这期刊载的是第一次座谈记录。

10月”。

10月15日，诗一首《献给女排一束花 祝中国女排再次荣获世界冠军》发表于当日《人民日报》。

11月，旧作整理作品《姜四娘》在《延河》第11期发表，篇末标注时间为“1982年7月补跋”。后收入《阮章竞诗选》（1985）。

12月，履职市人大常委会委员视察北京少管所活动，后写诗《留赠少管所的孩子们》，发表于《北京晚报》。

本年度，《希望》一首，发表于《东方少年》第2期，署名阮章競，后收入《晚号集》（2001），题名为《寄〈东方少年〉》，收入时有修改，时间标注为“1982年1月23日晨”。

1983年

1月7日，于当日《人民日报》发表访问记《抢救中的〈最后晚餐〉》。

2月1日，在《东方少年》1983年第1期发表散文《观看皮诺乔生日展览》。

3月，当选第八届北京市大人常委会委员。

3月，《赠友》一首发表于《诗刊》第3期。后收入《夏雨秋风录》（1993），诗末标注时间为“1983年1月18日”。

4月30日，诗《新花——贺北京朗诵艺术团建团》发表于当日《北京晚报》。

5月4—12日，履职全国政协委员视察葛洲坝和宜昌活动。此行写了组诗《三峡颂》，即《忆旧游》《葛洲坝》《力之歌》《莫让长江白白流》《智慧》《欢腾的长江》《高峡出平湖》《过南津关》《望峡》《过襄樊》《访隆中》《戏题张飞擂鼓台》共12首。其中《望峡》发表于《宜昌市报》1983年5月10日；7首发表于《北京文学》1983年第7期；《戏题张飞擂鼓台》发表于《北京日报》1983年9月6日；鄂行诗简2首《访隆中》《过襄樊》发表于《北京晚报》1983年6月29日。后均收入《夏雨秋风录》（1993）。

6月，高洁的《“阮郎风骨剧峥嵘”——访诗人阮章竞》发表于《北京文学》第6期。

7月，《金色的海螺及其它》由中国少年儿童出版社出版，插图署名米谷。收入谈童话诗创作的《写给孩子们的话》。具体作品包括《牧羊儿》《金色的海螺》《马猴祖先的故事》《雪海风吹牧歌来》《鲤鱼母亲的歌》。

8月13日，为包钢建厂30年写诗《紫霞》，发表于包钢厂刊《铁花》1984年第10期。

8月23日，参加学习《邓小平文选》心得，写成读后感《革命旗帜要鲜明》，发表于《新观察》1983年第17期。

8月底，受《绿风》（时名为《绿洲》，1984年1月改为《绿风》）杂志邀请，到石河子参加第一届“绿风”诗会。8月30日，创作短诗《我来到了新疆》，发表于《绿风》1984年第1期。8月31日，创作短诗《绿风诗会赞》，发表于1984年《绿风》第2期，后收入《夏雨秋风录》（1993）。

9月4日，创作短诗《刁羊》，发表于《新疆文学》1984年8月号，诗末标注有“1983年9月4日于紫泥泉归途1984年2月整理于京华”。后收入《夏雨秋风录》（1993），题名为《叼羊》，有修改，诗末标注时间另加有“1986年重新整理”。

9月7日至18日，到新疆参观访问，遍访南疆北疆。走天山、登昆仑，亲见了火焰山。回京后写下长诗《胡杨泪》，组诗《天山昆仑行》19首，后收入《夏雨秋风录》（1993）。创作油画棒画27幅，国画16幅。创作散文集《新疆忆旅》。

同月，《访意诗草》发表于《诗刊》第9期。包括《半开的蓓蕾——在兰特听女少年吹奏乐队演奏》（诗末标注“1982年10月回罗马途中”）、《古斗兽场》（诗末标注“1982年10月写于罗马，11月修改于北京”），后收入《夏雨秋风录》

（1993）。

10月10日，自新疆到甘肃敦煌、兰州、天水参观访问，月底回京。

本月，《威尼斯叹息桥》发表于《江城》第10期。后收入《夏雨秋风录》（1993），改名为《叹息桥》，诗末标注时间为“1982年10月写于威尼斯”。

12月24日，诗《贺新年为84迎春诗会而作》发表于当日《北京日报》。

12月，《语文教学与研究》第12期发表阮章竞与刘守华的通信文章《闲谈三首叙事诗》，文末标注时间为“六三・一・九”，系旧作新发。

同月，《威尼斯（外二首）》[①]发表于《延河》第12期，包括《威尼斯》《晨》《水乡》共3首；《秋菊》发表于青岛《海鸥》第12期，后均收入《夏雨秋风录》（1993）。

本年度，还发表有诗《周口梧桐》（《昆仑》1983年第1期）、《牧场欢舞》（《绿洲》1983年3、4月号），后均收入《夏雨秋风录》（1993），诗末标注时间分别为“1981年10月”和“1983年9月上旬于石河子”，还有《我要学好》（《中国少年报》第1331期）等。

1984年

1月1日，《贺新年》发表于当日《北京日报》。

1月11日，《昆仑》发表于当日《人民日报》，后收入《夏雨秋风录》（1993），诗末标注时间为“1983年9月写于南疆途中”。

本月，《访意诗二首》发表于《作品》第1期，包括《过维特堡》，诗末标注时间为“一九八二年十月”；《威尼斯向维罗纳》，诗末标注时间为“1982年10月14日回罗马途中”；《洪河夜灯》发表于《奔流》第1期，后均收入《夏雨秋风录》

① 组诗《威尼斯》共7首，此处发3首。

（1993）。

2月，组诗《大军之路》发表于《人民文学》第2期。包括《序曲》（诗末标注时间为“一九八一年十月大军之路途中”）、《过钱店——大军之路之二》（诗末标注时间为“一九八一年十月，沈丘”），后收入《激流——刘邓大军征战记》（1986）军事译文出版社出版，后收入《夏雨秋风录》（1993）。

2月21日，《迈进更广阔的天地——〈幼儿朗诵诗选〉序》，刊载于当日《北京日报》。后以《迈进更广阔的天地》为题，转发于《新华文摘》1984年第6期。

3月，连任第八届北京市人大常委会委员。

3月，《强渡汝河》一首发表于《上海文学》第3期（诗末标注时间为“一九八一年十月写于风雨归途中”），后收入《夏雨秋风录》（1993）。

本月，组诗《威尼斯》余下4首发表于《长城》第2期，后收入《夏雨秋风录》（1993）。

3月31日，杂文《刺痛灵魂的对话》发表于当日《北京日报》。

4月，童话诗《小姑娘与乌猿婆》发表于《巨人》第4期。诗《牧场欢歌》发表于《绿洲》2—4期合刊。

5月10日，《我与祖国共命运——答米兰〈人与书〉编者问》发表于《文学报》第10期。

5月22日，杂文《编书秘诀》发表于当日《北京日报》。

6月，《塔克拉玛干》发表于《诗刊》第6期（诗末标注时间为“1983年10月写于南疆旅途上，1984年2月修改于北京”）；《姑娘追》发表于《文学月报》第6期（诗末标注时间为“1983年9月写于天山归途 1984年3月整理”），后均收入《夏雨秋风录》（1993）。

7月11日，短诗《矿工之歌》发表于当日《中国煤炭报》，诗末标注为“1965年5月写于中条山矿区”。后收入《夏雨秋风录》（1993）。

8月，尹世霖编的《幼儿朗诵诗选》由北京少年儿童出版社出版。阮章竞为其作的序言，发表于1984年2月21日《北京日报》。

9月15日，《歌剧〈赤叶河〉创作前后》发表于《戏友》1984年第2期，后被《复印报刊资料（戏剧研究）》1984年第11期转载。1985年第1期《戏友》刊载阮章竞同志给本刊的批评信即“关于《歌剧〈赤叶河〉创作前后》一文署名失真的问题”。在信中，阮章竞指出在住院期间，内容未经其核实便发出，存有一些失真之处，不能对该文负责。编辑部在刊载此信后，予以道歉。

11月9日，闻山组诗《西北歌行》（三首）载于当日《人民日报》，其中写阮章竞的为《太行一老兵》。

本月，《天山之路》（三首）发表于《作品》第11期。包括《剑阵》（后标注时间为“一九八三年九月草于准噶尔路上 一九八四年三月修改于北京”）；《荷花》（后标注时间为“一九八三年九月在准噶尔道 一九八四年三月整理于北京”）；《迁场》（后标注时间为“一九八三年九月在天山道上 一九八四年三月整理于北京”），后收入《夏雨秋风录》（1993）。

本月，短诗《特殊的恒星》，发表于《解放军文艺》11月号。

本年，《两个阿依古丽》发表于《儿童文学》《天山雪溪的风格》发表于《摇篮》。

“本年，修改、整理近几年写作的诗歌，拟出版诗集，诗集名暂定为《春在奔行》。”[①]

---

① 《阮章竞文学活动年表》，刘增杰、王文金：《迟到的探询》，郑州：河南大学出版社，1996年版，第245页。

1985 年

3 月，因健康原因，主动辞去北京市人大常委会委员。之后他担任门头沟区第九、第十届北京市人大代表，直至 1992 年年底。

4 月，诗选集《阮章竞诗选》由人民文学出版社出版，选取诗人写于不同时期的诗歌作品。具体包括“序”“一 故道拾零”（5 首）、“二 山野的新歌”（6 首）、“三 新塞外行”（9 首）、“四 乌拉山麓下”（8 首）、“五 杂诗”（5 首）、“六 风暴颂”（3 首）、“七 赣南行”（10 首）、“八 溯河千里行”（7 首）、“九 夏日山村”（10 首）、“十 大军之路”（9 首）和“叙事诗”（5 首）。其中，由阮章竞所作的“序”详细介绍了自己的创作道路。

4 月 27 日—5 月 11 日，到武汉参加黄鹤楼笔会。写诗《登新建黄鹤楼二首》。此诗的第一首发表于《江汉早报》1985 年 5 月 19 日第四版，第二首发表于《长江日报》1985 年 5 月 18 日第四版，《光明日报》1985 年 6 月 2 日第四版，后收入《夏雨秋风录》（1993）。

5 月 17 日，返回故乡。写《重谒孙中山先生故居》《还乡见白兰花开》等作品。后收入《夏雨秋风录》（1993），诗末标注时间为“1985 年 5 月”。《隆都沙溪侨刊》1985 年第 3 期刊载的《著名诗人阮章竞回乡探亲访友》，记录了这次返乡之旅。

8 月，诗《青春之城感怀》收入石河子丛书《年轻的城》，新疆人民出版社。1983 年 9 月，此诗曾发表于《新疆日报》。

9 月 11 日，诗《秋宵揾泪送田间》发表于当日《人民日报》。

10 月 12 日，诗《赛旦木湖》发表于当日香港《文汇报》。

10 月，刘增杰访谈、整理的《走向诗歌的漫长旅程——阮章竞谈话录》发表于《许昌师专学报》1985 年第 3 期。后收入刘增杰、王文金合著的《迟到的探询》，河南大学出版社，1996 年版。

11 月 12 日，散文《广中道上》发表于当日《北京日报》。

12 月，《中国的微笑》一首发表于《人民文学》第 12 期，诗末附记内容表明此诗是 1983 年秋参观敦煌莫高窟观第 259 洞《释迦禅定》时有感而写。后收入《夏雨秋风录》（1993）。

1986 年

1 月 18 日，应邀于《文艺报》发表《与青年朋友讨论儿童文学》一文（据阮援朝提供原稿信息，该文为《与青年朋友讨论儿童文学》第二、三部分，具体见本谱 1987 年部分的相关内容）。

3 月，组诗《天山路之歌》发表于《诗刊》第 3 期，包括《风雪》《新北斗》《晚晴》3 首，组诗末标注“一九八三年写于独库公路军营 一九八四年四月整理于北京”（笔者注，原文此处为两行）。后另有“后记”，说明这组诗得于 1983 年 9 月中旬的新疆之行，“今年十月一日，是新疆的大喜日。我找到了原稿，重新整理修改出来，以祝贺新疆维吾尔自治区成立三十周年。一九八五年十月一日”[①]。后收入《夏雨秋风录》（1993）。

4 月 9 日，写歌词《要个空气芬芳的未来》，由金湘作曲，男高音歌唱家刘维维在 6 月 5 日国际环保日音乐会上演唱。

4 月 25 日、5 月 10 日，《北京音乐报》连载阮章竞《忆星海先生》（发表时有删节，具体见本谱 1987 年部分的相关内容），后从手稿中恢复部分文字，收入阮章竞口述，方铭、贾柯夫记录、整理的《异乡岁月——阮章竞回忆录》，文化艺术出版社，2014 年版。

4 月，马尚瑞撰写的《从学徒到诗人——阮章竞简传》由中国妇女出版社出版，共八章，另有“附录：解放区诗歌

① 《诗刊》，1986 年第 3 期，第 11 页。

创作的两颗明珠——《王贵与李香香》和《漳河水》艺术形式分析”。该书“扉页”将书名印为“从学徒到诗人——阮章竞小传”，应为错印。

本月，怀念散文《缅怀舒舍予先生》刊发于《北京文学》1984年第4期。

夏秋间，由他口述，贾柯夫笔录了他的《异乡岁月——阮章竞回忆录（第一部）·大上海》。

7月5日，诗《赵一曼烈士五十周年祭》发表于当日《北京日报》。

7月26日，散文《余乞赢得“苦噪楼”》发表于当日《光明日报》，后收入《作家的书斋》，科学普及出版社1998年版。

9月17日，太行山剧团建团四十八周年，剧团结束四十周年，来自全国十三个省、市和民族自治区的二十八位同志，相聚山西太原，座谈编写团史。阮章竞于18日早晨赶到。9月22日，临别之际，赋诗《同怀明月别并州——留别原太行山剧团诸友》，后收入《晚号集》（2001），诗末有“跋”。

10月29日—11月2日，《喀什》《香妃墓听辨》《盘橐城遗址》《疏勒古城》《班公泉》《克孜勒河的两个女儿》6篇游记，连载于《北京晚报》，后均收入散文集《新疆忆旅》（1993）。

12月，《中学生》第12期发表《阮章竞谈写作》。《飞向南疆》《冰山上的脚踪》《两水泉》《谈判比武》4篇新疆游记，发表于《北京文学》1986年第12期，后均收入散文集《新疆忆旅》（1993）。

1987年

1月，《忆星海先生》（发表时有删节，具体见本书相关内容）刊载于《新文化史料》第1期。后从手稿中恢复部分文字，收入阮章竞口述 方铭、贾柯夫记录、整理的《异乡岁月——阮章竞回忆录》，文化艺术出版社，2014年版。

3月，散文《巩乃斯河谷》发表于《山西文学》第3期。后收入散文集《新疆忆旅》（1993）。

4月，散文《阿喀孜达坂》《从叶城向和田》《努日尔牧场》3篇，发表于《河北文学》第4期，后均收入散文集《新疆忆旅》（1993）。

5月17日，散文《登上天山望天山》发表于当日《人民日报》，后收入散文集《新疆忆旅》（1993）。

5月，散文《吐鲁番治沙站》发表于《人民文学》第5期。后收入散文集《新疆忆旅》（1993）。散文《伊宁》发表于《湖南文学》第5期。后收入散文集《新疆忆旅》（1993）。

8月，于《儿童文学研究》第25辑发表《与青年朋友讨论儿童文学》一文（据阮援朝提供原稿信息，该文为《与青年朋友讨论儿童文学》第一部分，具体见本书相关内容）。

12月，散文《南疆纪行》，发表于《作品》第12期。后收入《新疆忆旅》（1993）。

本年度，还在《钟山》第4期发表散文《紫泥泉》，在《奔流》第4期发表散文《姑娘追、叼羊》，两篇散文后均收入散文集《新疆忆旅》（1993）。

1988年

8月，长诗《胡杨泪》发表于《北京文学》第8期。后收入诗集《漫漫幽林路》（1991），名为《边关明月胡杨泪》。

10月6日，诗《中秋——赠台湾诗友》发表于当日《中国消费者报》。

11月30日，在北京作协第二次会员代表大会开幕致辞时，提出不再担任作协理事和主席职务。大会推选他为北京市作协名誉主席，直至2000年2月去世。

1989年

2月，写《为革命暴力辩》，发表于《文艺理论与批评》1989年第5期。

3月18日，挽诗《挥泪送鼎新》发表于当日《北京日报》。

7月，完成由他口述，方铭执笔成稿的《异乡岁月（第二部）·太行山》。

7月31日，写诗《哀悼周扬同志》。

8月12日，与中国驻黎巴嫩使馆武官曹彭龄的通信《值得反思的》，发表于《文艺报》第12期。

9月，散文《高昌·交河遗址》《火焰山》《千佛洞》《沙疗地·苏公塔》发表于《中国旅游报》9月23日、10月25日、11月8日。后收入散文集《新疆忆旅》（1993）。

12月，叙事诗《漫漫幽林路》（压缩版）发表于《北京文学》1989年第12期，后收入诗集《漫漫幽林路》（1991）。

1990年

3月21日，在中纪委招待所召开“解放区文学书系”编委扩大会议。书系主编林默涵主持会议，胡乔木、邓力群等老同志参加会议。阮章竞担任“诗歌卷”主编。该书于1992年由重庆人民出版社出版。

3月29日，文《我写“值得反思”的原因》发表于《文学报》第470期。

4月，杂文《仓颉与诗神对话》发表于《中流》第4期。

5月，在《诗刊》第5期发表律诗《告别黄镇同志》，后收入《晚号集》（2001）。

6月1日，“解放区文学书系”总编及各分卷主编又开了一次会，继续讨论编纂工作。

8月，杂文《三位作家对话》发表于《中流》1990年第4期。

12月，画论《门外话画》收入端木蕻良、方成编的中外文化出版公司出版的《说画集》。

1991 年

本年，于北京苦噪楼完成长篇小说《山魂》第一卷《霜天》。

2 月 4 日，诗《悼康濯》一首发表于当日《人民日报》，后收入《晚号集》（2001）。

2 月，《北京文学》第 2 期的“北京作家”专栏刊出阮章竞的专题。其中，《阮章竞小传》发表于该期“扉页”；另有阮章竞的《我的写作道路》和刘烜的《阮章竞〈漳河水〉的独创性》。

3 月，诗《啊，老师——寄赠中小学音乐教师》发表于《中小学音乐教育》第 3 期。

4 月 9 日，杂文《说说高楼公德综合症》，发表于《北京晚报》。引发延续三个月的十期讨论。

4 月 26 日，回忆性文章《忆李季》发表于当日《人民日报》，该文是在《诗刊》社举办的李季诞辰七十周年座谈会上的发言整理而成，该文写于 1991 年 3 月 7 日[①]。

5 月，在《诗刊》第 5 期发表《致青年作者》，是与青年作者的通信，属“诗人书简”类文字，文末标注时间为“一九九一年二月二十日”。

5 月 23 日，在《文学报》第 23 期发表《在民族解放斗争中成长——创作生活回顾》，该文系 1991 年 3 月 10 日在全国青年业余文艺创作者会议上的讲话。

本月，在《理论与创作》1991 年第 3 期发表《他永远活跃在人间——痛忆康濯同志》。

8 月，诗集《漫漫幽林路》作为“华夏诗丛·第三辑”之一种，由花城出版社出版。收录两部叙事长诗，《漫漫幽林路》（始于 1988 年 6 月 23 日，结束于同年 8 月 24 日，1989 年 3 月 10 日改毕于苦噪楼）和《边关明月胡杨泪》（1988 年 3 月 16 日草毕，27 日改毕于苦噪楼）。后又收入《晚号集》（2001）。

---

① 该文的详细信息，由阮援朝提供。

10月19日，挽诗《哀恒刘知侠同志》发表于当日《文艺报》。

11月，在《文艺理论与批评》1989年第5期上发表《祝贺·坚持·希望——庆〈文艺理论与批评〉创刊五周年》。

本月，游东江、西江等地。沿途作《向中山》《歧江夜月》《寄惠州诸君》《三百里西江路》《寄端州李玮君》《谢李盛君》《封开赠友》等诗，后收入《晚号集》（2001），诗末多有说明。

12月28日，诗《黄河壶口写生见虹》配国画《黄河壶口》发表于当日《文艺报》。

1992年

8月8日，文《劫余留秃笔 白首写苍生——忆黄药眠同志》发表于当日《文艺报》。

10月1日，《画游絮语》发表于《北京日报》三版，后收入《作家的画梦》，中国人民大学出版社，1995年版。

1993年

3月，中国环境科学出版社出版《新疆忆旅》，是回忆新疆之行的散文集，署名阮章竞。

7月19日，挽诗《送李达将军》。

8月21日，诗《缅怀王震将军》（作于3月20日）发表于当日《文艺报》。

8月，画论《灵魂翱翔云端 中国山水画》发表于《中国作家》1993年第4期。

9月，《三百里西江路》发表于《诗刊》第10期，诗末标注为“一九九一年十一月西江道上”，后收入《晚号集》（2001）。

9月，《宝弓不老神弦劲——祝贺杜埃同志从事文学创作六十周年》收入花城出版社《风雨60年——杜埃作品研讨论文集》。

10月，在《人民文学》发表《岐江夜月》一首，诗末标注“1991年11月写于石岐 1992年春整理于北京”。后收入《晚号集》(2001),收入时改题为《岐江月夜》,内容也有所修改,诗末标注时间为“1991年11月”。

同月,诗集《夏雨秋风录》由重庆出版社出版,收录诗人20世纪70年代末至80年代初期的作品。除“序”外,收录11个组诗,诗共136首。计有“溯河千里行”(8首)、“夏日山村”(10首)、“大军之路”(9首)、“三峡颂”(12首)、“意大利的歌”(13首)、“天山·昆仑行”(20首)、“冬夜吟”(11首)、“赠友·书怀”(21首)、“清明雨”(11首)、“故园情”(11首)、“斗方山水”(10首)。多在诗末注有写作时间。

在“序”(1986年6月19日)中,诗人写有——

> 60年代,我曾经拟订了一个计划:沿着抗日战争和解放战争的征战路线、著名战场和老根据地分期进行访问,以便了结一个写作夙愿。……
>
> 党的十一届三中全会,恢复了实践是检验真理的唯一标准——这条马克思主义基本原则。中断了16年的访问计划,终于在1979年9月间,重新开始了。……
>
> 从我重新执行原定计划起,每年我都有两三个月是在旅行访问中。……
>
> 收在这个集子里的诗,除很少的几首外,都是在这十年里写的。因为大多数是在多雨多风的夏秋季节旅行,故名之《夏雨秋风录》。

10月13日,散文《三访翠亨》发表于《中国化工报》。

10月15日,作诗《拜将台感怀》。1995年发表于《中国诗坛》1—2月合刊。

12月4日,《毛泽东对新诗的希望——纪念毛泽东同志一百周年诞辰》发表于《文艺报》第4期。

1994 年

2 月 20 日，写六千字简历《终程回溯》酬周良沛之请。周良沛编序的《中国新诗库》，长江文艺出版社（2000 年 1 月）第八辑《阮章竞卷》的卷首，据此撰写。

5 月，写七绝《题赠〈中流〉》发表于《中流》1994 年第 3 期

5 月，在《诗刊》第 5 期发表文章《回溯·翘首——祝〈诗刊〉创刊三百期》，文末标注时间为“1994 年 2 月 25 日”。

11 月 26 日，在《文艺报》第 26 期二版发表《昭示于历史面前》，文末标注时间为“1986 年 6 月 19 日”。该文系诗集《夏雨秋风录》（1993）的“序”。

1995 年

4 月，贡岩编《作家的画梦》由中国人民大学出版社出版，收录有阮章竞的谈画文章《画游絮语》和国画三幅：《黑非青年》《黄山所见》《壶口》；油画棒速写七幅:《光山静居寺》《文峪河东社村前》《白龙潭前》《秋天的王屋山》《五台山间》《庐山三宝树》《交城天宁寺周柏》。其中《黑非青年》误排入高莽作品中。

10 月，于北京撰写《风雨太行山——太行山剧团团史》，后发表于《新文学史料》1998 年第 2 期。删改后以《风雨太行山（代序）》为题，又发表于《新文化史料》2001 年第 2 期。

1996 年

2 月 7 日，杂文《劣质书何时了》发表于《中国文化报》。署名胡华。

3 月，刘增杰、王文金合著的《迟到的探询》由河南大学出版社出版，其“作家访谈”栏目收入刘增杰所作的《漫长的诗歌之旅——阮章竞访谈录》。“评传·年表”部分收入《阮章竞评传》和《阮章竞文学活动年表》。

5 月 12 日，重新改写《牛仔王》。

7月，文章《山高水长——纪念茅盾先生诞辰一百周年》，发表于《中国文化报》1996年7月5日，后收入万树玉、李岫编《茅盾和我》一书，文末标注时间为“1995年4月25日写于同仁医院病房中”。该书为纪念茅盾诞生一百周年征集的文集，中国广播电视出版社，1996年版。

同月，中国现代文学馆编《中国现当代文学茅盾眉批本文库》4卷由中国国际广播出版社出版。第4卷为“诗歌卷”，收录有茅盾眉批《漳河水》（选）、《迎春橘颂》（选）。

11月，为“柯岩作品研讨会”撰文《为枝为柄，时代所需》，发表于《中流》1996年第11期。

12月，在《诗刊》“编委论坛”发表《求明者赐教》，文末标注时间为“1996.6.5”。

1997年

1月，在《诗刊》第1期发表《在〈诗刊〉工作的日子里》一文，纪念《诗刊》创刊40周年。

本月，《门外话画》，收入端木蕻良、方成选编的《说画集》，华夏出版社，1997年版。

3月，在《诗刊》第3期发表《虎门功劳炮赞》，诗末标注时间为“1991年秋写于虎门归途中 1996年春整理于苦噪楼”。后收入《晚号集》（2001）。

4月，文论《加强开展文艺批评是当务之急》发表于《文艺理论与批评》1997年第3期。

5月12日，杂文《自勉的话》发表于当日《羊城晚报》。

6月，《镌刻在蓝天，投映在海洋——香港回归祖国书怀》发表于《中流》第6期，后收入《晚号集》（2001）。题为《镌刻在蓝天，投映在海洋——香港回归祖国抒怀》，诗末标注时间为“1996年11月15日”。

8月4日，杂文《高楼里的文化》发表于当日《北京日报》。

8月，长篇小说《白丹红》由北京出版社出版。该长篇分20个回目。文末标注时间为“1966年写于文化大革命前夕 1996年2月17日—6月26日为纪念抗日战争60周年而整理”。

同月，写《目标始终如一在行进——致老友子奇同志》，后收入《朱子奇诗创作评论选》，作家出版社，2004年版。

9月，由“中国文联晚霞文库”资助，长篇小说《霜天》（《山魂》第一部）由大众文艺出版社出版。

11月13日，赵迪之去世。阮章竞接连写下三首诗寄托哀思。11月17日写了《水调歌头・八宝山送迪之远行》；11月25日写了《采桑子・梦迪之》；以上两首均收入《晚号集》（2001）。还有一首没有完成的《无题・给迪之》。

1998年

1月2日，在《中国艺术报》上发表文章《我为什么写〈霜天〉》。介绍长篇的构思、创作史与名字。文末标注“1997年10月31日改后寄《中国艺术报》”（本谱依据阮援朝提供该文的电子版）。

2月25日，梵扬文章《一生为人民而歌——诗人阮章竞的创作生活》发表于《华夏诗报》1998年第115期。

3月，《金色的海螺》作为“中国儿童文学名家精品文库”之一由花山文艺出版社出版。该诗集系阮章竞儿童诗合集，收录诗人写于不同时期的儿童诗作品。具体包括《金色的海螺》《马猴祖先的故事》《牛仔王》《小姑娘与乌猿婆》《牧羊儿》《千古初开向日葵》《雪海风吹牧歌来》《鲤鱼母亲的歌》《天山雪溪》《两个阿依古丽》《啊，老师！》《我要学好》《坎坷风雨庐山松》，除《我要学好》以外，每首诗都标注写作时间及修改时间；另有《〈牛仔王〉重写后记》（1996年5月12日），介绍了《牛仔王》的重写过程，如“《牛仔王》这首童话诗，是五十年代写的。1957年6月，发表于《作品》，接着收进《木棉树下的童话》里……这样《牛仔王》放在纸箱里睡了三十九年……现在的《牛仔王》是从4月18日到5月10日改写成的”。同时也涉及本诗集的成因。

4月10日，作七绝《〈中流〉百期华诞》（题词）发表于《中流》1998年第4期。

8月31日，杂文《我也想有支笔》发表于当日《光明日报》。

9月22日，歌曲《我问》由阮章竞作词、王洛宾作曲，发表于《中国文化报》。

1999年

3月1日，凌晨闻广播而急就新诗《翘首望青天——送别冰心大师》。文章发表于《文艺报》1999年3月20日。

8月28日，寄诗稿《我终于来得及为你歌唱——澳门》予中山诗社，“9日动笔，今日写成”。发表于《香山报》1999年12月20日。

9月26日，为《诗刊》20世纪纪念专号寄送个人签名。

11月，为诗集《晚号集》作了两个序。

2000年

1月，童话诗《金色的海螺》，由刘春燕绘图，编入《儿童看图读童话⑥》，金盾出版社。

1月29日，贺词《千年第一春》发表于《文艺报》。

2月11日，于北京逝世。

谱 后

2001 年

1月，诗合集《晚号集》由人民文学出版社出版。收录“序言”（阮章竞仅写有两段文字，后为阮援朝代笔），“长诗·胡杨泪”“长诗·漫漫幽林路”（笔者注：以上两首长诗相当于1991年出版的诗集《漫漫幽林路》)、“诗集·夏雨秋风录”(笔者注：此部分与1993年出版的诗集《夏雨秋风录》内容大致相同）、“诗集·桑影集”[包括十一部分，具体为“向新纪元起飞”（8首）、“春之晨”（3首）、“天上只有一个月亮”（3首）、“珠江行”（13首）、“汉中行”（11首）、“嘤嘤友声”（37首）、“缅怀”（16首）、“枕畔吟”（6首）、“杂诗”（9首）、“山光水色”（11首）、“题画”（12首）]、“诗集·太行山不倒”[具体包括“我们诞生在太行山上”、“《霜天》章前词”（词34首）]，另有阮援朝撰写的“后记”，合集中有阮章竞的书画、篆刻等多幅作品。

2月27日，由北京市作协主办的纪念著名诗人阮章竞暨《晚号集》首发式在京举行。会议上的发言后多收入李容焕、余丛、阮援朝编的《永远的阮章竞》（2013）。

8月，阮援朝的《回忆父亲阮章竞》发表于《诗刊》第8期。后收入李容焕、余丛、阮援朝编的《永远的阮章竞》（2013）。

2007 年

1月，“百年百部中国儿童文学经典书系”当代儿童文学选（1949—1965）阮章竞等著《金色的海螺》由湖北少年儿童出版社出版。

2009 年

7月，阮援朝编《阮章竞绘画篆刻选》由人民美术出版社出版。收入阮章竞油画棒作品66幅、中国画作品27幅、篆刻作品35种，画论两篇，并附创作年表。

本月，王泉根主编《云上的绿叶（中国儿童文学60年典藏）》收入童话诗《金色的海螺》，由外语教学与研究出版社出版。

9月3日，由北京作家协会与中国现代文学馆联合主办的纪念《漳河水》发表60周年座谈会暨《阮章竞绘画篆刻选》首发式在北京举行。会议上的发言后多收入李容焕、余丛、阮援朝编的《永远的阮章竞》（2013）。

2010年

6月25日，阮援朝的《无尽怀念——父亲阮章竞十年祭》，发表于当日《华夏诗报》。后收入李容焕、余丛、阮援朝编的《永远的阮章竞》（2013）。

2012年

10月，阮章竞的回忆录《故乡岁月》由人民文学出版社出版。该书共三卷，“第一卷 童年”15章；“第二卷 少年”20章；“第三卷 夜茫茫”16章。从1914年出生开始写到1934年去上海的20年的成长史，是作者的少年回忆录，书中配有阮章竞的书画作品，共计247千字。书末标注为“一九八五年六月二十日 三卷全部重写完”。按照该书封底介绍——

> 这部回忆录动笔于1970年冬，作者正在政治运动中颠沛挣扎：‘长夜难眠，做什么呢？回顾半个世纪，人民虽有壮丽的斗争日月，但都不敢写了。于是想起童年，百感交集。人民总是要前进的，但后代对旧中国是不了解的。于是想把儿时所遇记录下来，故分了若干小题，以便写下去。’（作者笔记）
>
> 1979年冬，有出版社约写作家童年，写作获得动力。但由于长篇小说《山魂》及其他创作安排，又因1984年春生病中断，回忆录写成已是1985年秋。出版计划时过境迁，作者也于2000年2月抱憾辞世。
>
> 回忆录手稿尘封二十七年后，终于在作者家乡广东

省中山市文广新局的帮助下面世。既飨读者，亦慰作者顾念之灵。

这本书属于搁置27年的“迟到之作”，对于了解阮章竞的童年有重要价值。

2013年

4月，陈培浩、阮援朝合著的《阮章竞评传》作为“《中山文艺家评传》丛书”之一，由漓江出版社出版。该书由王光明作序。正文十六章，另有“结语：万般辗转是诗心”和“后记”以及“阮章竞主要著作书目”。共计22万字，是研究阮章竞的重要参考文献。

12月，李容焕、余丛、阮援朝编的《永远的阮章竞》由暨南大学出版社出版，该书分“卷一 还我本色”“卷二 晚号嘹亮”“卷三 诗画人生”“卷四 无尽怀念”四卷，另有“编后记”。共收录回忆与评论文章52篇。

2014年

1月9日，阮章竞纪念文集《永远的阮章竞》首发式暨纪念阮章竞先生诞辰一百周年座谈会在其故乡沙溪隆重举行。

1月20日，由中国作协主办的“阮章竞百年诞辰纪念座谈会”在中国现代文学馆举行。中国作协主席铁凝、中国作协副主席高洪波、北京市作协主席刘恒等参会。

本月，阮章竞口述，方铭、贾柯夫记录、整理的《异乡岁月——阮章竞回忆录》作为“中国现代文学馆钩沉丛书”由文化艺术出版社出版。正文前有陈建功所作的“中国现代文学馆钩沉丛书总序”和阮章竞简介。正文包括“第一部 大上海”，此部分由阮章竞口述、贾柯夫记录整理，具体时间为1986年夏秋间。后有“附录”，具体包括“附录一：《阮章竞自传》节选（写于1956年4月20日）”“附录二：致吕骥的信（1984年8月10日）”“附录三：忆星海先生（1985

年10月）”“附录四：为回忆录《大上海》写的时间提纲（1986年6月）”“附录五：我不能忘记的阮章竞（作者：贾柯夫，时间：2013年7月14日）”。通过“附录五：我不能忘记的阮章竞”的记录，可以知道贾柯夫与阮章竞之女阮援朝是同学，1986年春天，正准备从团中央调入中国社科院政治学所之际，阮援朝找到贾柯夫，希望能帮助阮章竞记录整理他的回忆录和一些文字工作，才与阮章竞结识并开始了整理工作。

“第二部 太行山”包括八卷，为方铭记录、整理，时间始于1988年3、4月间，结束时间为1989年7月9日。具体包括“第一卷 初到太行山（三章）”“第二卷 第二战区独立游击第一支队（二章）”“第三卷 初学创作（三章）”“第四卷 流动、拥蒋和文化运动（四章）”“第五卷 反对投降派（二章）”“第六卷 百团大战后（三章）”“第七卷 艰苦岁月（四章）”“第八卷 迎接胜利（四章）”。

另有附录和后记。具体为“附录一：风雨太行山——《太行山剧团团史》序”“附录二：太行山剧团团史（赵正晶、崔家俊执笔）”“附录三：关于记录整理阮章竞回忆录《太行山》的情况说明（作者方铭）”；后记为阮援朝所作。

2月15日，刘居上所写的《阮章竞与澳门的一段诗缘》发表于当日《澳门日报》。

5月，《文艺理论与批评》第3期刊载“阮章竞研究”专辑。发表铁凝的《在阮章竞百年诞辰纪念座谈会上的讲话》；涂途的《心中流淌漳河水——纪念阮章竞诞辰百年》；艾斐的《感应时代脉动 激扬民族精神——论阮章竞文学创作的思想特质与价值取向》；阮援朝的《珠江游子太行魂》共4篇文章。

5月，《新文学史料》第2期“历史现场”专题，发表刘恒的《在阮章竞纪念会上的个人发言》；尹一之的《党性的光辉——阮章竞同志在〈诗刊〉》两篇文章。

本月，《中国现代文学研究丛刊》第8期刊载“纪念阮章竞百年诞辰”专辑。发表谢冕的《〈漳河水〉的写作与艺术风格》；屠岸的《阮章竞的非凡艺术成就》；陈培浩的《阮章竞诗歌的民族化探索及悖论》共3篇文章。

9月，《新文学评论》第3期推出“阮章竞百年诞辰纪念”，刊载3篇文章。具体为：刘守华的《从〈漳河水〉到〈金色的海螺〉——献给诗人阮章竞百岁诞辰》；阮章竞的《阮章竞致刘守华论诗书简（1963—1982）》；阮章竞的《边读顺写下的参考意见》（笔者注：此文为阮章竞1979年写给刘守华的长信，原题为阮章竞所加，他说这是从未坦示于人的“心中的信”。文末标注该文写于“1979年10月25日”）。

10月，首届中国“阮章竞诗歌奖”终评结果公布，陆健的《一位美轮美奂的小诗人之歌》等5部“诗集奖”作品获奖，专题奖空缺。该奖由中山市政协文化和文史资料委员会、中山市文联、沙溪镇政府联合主办，时值阮章竞诞辰一百周年。

2015年

8月，《清平乐 太行古道 为纪念中国人民抗日战争暨世界反法西斯战争胜利70周年而作》发表于《歌曲》第8期，署名：阮章競词、傅庚辰曲。

9月，阮章竞著、贾永生译的西汉对照本《四月的哈瓦那》由五洲传播出版社出版，此诗集的出版是为纪念古中建交55周年。9月21日下午举行首发式，首发式由五洲传播出版社、古巴驻华大使馆和欧美同学会拉美分会联合举行。诗集内容与1964年2月版本一致，但加了一些照片并附详细说明。正文采取中文、西班牙文对照的形式。古巴驻华大使白诗德作序，诗集后有阮援朝所写的后记。

2017 年

8 月，阮援朝编《阮章竞太行山笔记手稿四种》（全二册）由中华书局出版。该手稿系影印本（整体上单色影印，《土改纪事录》为彩色印制）。阮章竞生前留下了大量的笔记材料，后由阮援朝捐赠给国家图书馆。本次影印选择其中四种。四种笔记包括《民间语言记录》《乡间记事》《土改纪事录》和《重回太行山笔记》。该书由阮援朝作“前言”，全书的编排，基本以年代为序，编者为每一部分撰写了说明文字，简要介绍了相关历史背景等。

9 月，阮章竞所著的《阮章竞谈民歌》一文发表于《文艺理论与批评》2017 年第 5 期。

11 月 27 日，在中国国家图书馆综合楼五层多功能厅举行了“阮章竞笔记手稿捐赠仪式暨中华书局《阮章竞太行山笔记手稿四种》影印本首发式”。阮章竞之女阮援朝代表家属向国家图书馆捐赠了阮章竞《在太行山时期的一些材料》等笔记手稿共 87 种 178 册件。该捐赠活动后为《文艺报》（2017 年 11 月 29 日）、《中华读书报》（2017 年 11 月 29 日）、《中国新闻出版广电报》（2017 年 11 月 29 日）、《中国出版传媒商报》（2017 年 12 月 1 日）、《中国文化报》（2017 年 12 月 21 日）等多家媒体报道。

12 月，作品集《熊熊炉火照天赤》由人民文学出版社出版。该集收录阮章竞关于包钢工作相关的诗、报告文学和笔记摘抄。具体“代序一 茅盾”①“代序二 铁凝”②“序 魏栓师”“第一辑 回顾”包括《虹霓》（为诗集《虹霓集》的序）、《〈阮章竞诗选〉序》；“第二辑 诗歌”包括《新塞外行》（20

① 为茅盾《在全国文艺工作者第三次代表大会上的报告（摘录）》。后附“说明”，记录茅盾在此之前阅读了阮章竞的《迎春橘颂》等作品，出自《中国现当代文学茅盾眉批本文库 4 • 诗歌卷》，此外对于《新塞外行》《乌兰察布》等组诗的眉批，该集也收录并在大致位置标注。

② 即《纪念阮章竞百年诞辰》，写于 2014 年 1 月 20 日。后发表于《文艺理论与批评》2014 年第 3 期，题为《在阮章竞百年诞辰纪念座谈会上的讲话》，与原文略有不同。

首）、《青春之歌》（4首）、《风暴颂》（3首）、《乌兰察布》（6首）、《万里东风古塞红》（9首）、《新黄河赞》（5首）、《钢都颂》（11首）、《勘探者之歌》《送杨维同志》《紫霞——包钢出铁三十年纪念》《白云鄂博交响诗》；“第三辑 报告文学”包括《矿山医生》《他们只有一把铁钳》《最红的光速》《将以凯歌报祖国——建设中的包钢》《假小子——胡桂芝》《绿野红珠——包钢（新闻纪录电影文学本）》；“第四辑 笔记摘抄”包括《开辟时期笔记两则》《矿山笔记四则》《水源地笔记三则》《高炉工地笔记五则》。后有“编后记”。多注明写作时间，且“报告文学”部分多注明发表刊物。

本月，姜渭渔绘画、阮援朝改编、姚贝翻译的《金色的海螺》汉英对照本由北京朝花出版社出版第1版。

2018年

年底，阮援朝编《阮章竞文存》（十卷本）交付十月文艺出版社，即将出版。

主要参考文献

洪荒：《转变》（话剧），太行韬奋书店，1941 年版。

洪荒：《未熟的庄稼》（话剧），太行新华书店，1943 年 6 月版。

洪荒：《糠菜夫妻》（话剧），太行新华书店，1943 年 12 月版。

阮章竞：《比赛》（歌剧），太行新华书店，1943 年版；太行韬奋书店，1944 年再版。

阮章竞：《圈套》（长篇叙事诗），太行新华书店，1947 年 9 月版。

阮章竞：《赤叶河》（大型歌剧），太行群众书店，1948 年 2 月初版。

阮章竞等著：《圈套》（长篇叙事诗），太行新华书店，1949 年 5 月版。

阮章竞：《漳河水》（叙事诗），新华书店，1950 年 9 月初版。

阮章竞编剧、梁寒光等作曲：《赤叶河》（修订本），新华书店，1950 年 11 月修订三版。

阮章竞：《在时代的列车上》（话剧），作家出版社，1955 年 3 月第 1 版。

阮章竞：《金色的海螺》（童话诗），中国少年儿童出版社，1956 年 2 月第 1 版。

阮章竞作诗、吴静波绘画：《漳河水画册》（连环画），人民美术出版社，1957 年 12 月第 1 版。

阮章竞：《牛仔王》（童话诗），中国少年儿童出版社，1958 年 7 月第 1 版。

阮章竞：《虹霓集》（诗集），作家出版社，1958 年 10 月第 1 版。

阮章竞：《漳河水》（叙事诗），人民文学出版社，1958 年 12 月第 1 版。

阮章竞：《迎春橘颂》（诗集），人民文学出版社，1959 年 9 月第 1 版。

阮章竞写、严折西画：《马猴祖先的故事》（连环画，童话诗），少年儿童出版社，1962 年 12 月第 1 版。

阮章竞：《勘探者之歌》（诗集），作家出版社，1963年8月第1版。

阮章竞：《四月的哈瓦那》（诗集），作家出版社，1964年2月第1版。

阮章竞：《白云鄂博交响诗》（叙事诗），作家出版社，1964年7月第1版。

阮章竞：《漳河水》，人民文学出版社，1977年11月第2版。

阮章竞：《金色的海螺及其它》（童话诗），中国少年儿童出版社，1983年7月第1版。

阮章竞：《阮章竞诗选》（诗集），人民文学出版社，1985年4月第1版。

马尚瑞：《从学徒到诗人——阮章竞简传》（北京诗苑丛书），中国妇女出版社，1986年4月第1版。

阮章竞：《漫漫幽林路》（叙事诗），花城出版社，1991年8月第1版。

阮章竞：《新疆忆旅》（散文集），中国环境科学出版社，1993年3月第1版。

阮章竞：《夏雨秋风录》（诗集），重庆出版社，1993年10月第1版。

阮章竞：《白丹红》（小说），北京出版社，1997年8月第1版。

阮章竞：《霜天》（长篇小说），大众文艺出版社，1997年9月第1版。

阮章竞：《金色的海螺》（童话诗），花山文艺出版社，1998年3月第1版。

阮章竞：《晚号集》（诗集），人民文学出版社，2001年1月第1版。

阮援朝选编：《阮章竞绘画篆刻选》，人民美术出版社，2009年7月第1版。

阮章竞：《故乡岁月》（回忆录），人民文学出版社，2012年10月第1版。

陈培浩、阮援朝：《阮章竞评传》，漓江出版社，2013年4月第1版。

李容焕、余丛、阮援朝编：《永远的阮章竞》，暨南大学出版社，2013年12月第1版。

阮章竞口述，方铭、贾柯夫记录、整理：《异乡岁月——阮章竞回忆录》（回忆录），文化艺术出版社，2014年1月第1版。

阮章竞：《四月的哈瓦那》（诗集，汉西对照），贾永生译，五洲传播出版社，2015年9月第1版。

阮援朝编：《阮章竞太行山笔记手稿四种》（上下），中华书局，2017年8月第1版。

阮章竞：《熊熊炉火照天赤》（诗文集），人民文学出版社，2017年12月第1版。

后　记

历经半年多时间集中整理和写作，《阮章竞研究》初稿基本完成。又经过数月时间，《阮章竞研究》已进入校对、出版阶段。由此回想 2018 年 6 月，接到中国现代文学馆梁飞副馆长的电话，准备结合文学馆馆藏资源、发挥文学馆客座研究员优势，做一本关于现代诗人阮章竞的研究专著，这项工作已有三年之久了。

考虑到当时陈培浩和阮援朝合著的《阮章竞评传》已经出版，《阮章竞年谱》也基本竣工，我提出做一本综论式的研究，并同期推出一本《风骨峥嵘：阮章竞研究资料汇编》，力争将整体意义上的"阮章竞研究"做全，这可作为《阮章竞研究》诞生的"初衷"。之后，在很长一段时间内，我和我的几位研究生一直都忙碌于《风骨峥嵘：阮章竞研究资料汇编》的工作，它虽为搜集、汇编，但分类整理、校对，其实已为《阮章竞研究》夯实了坚实的基础。

阮章竞是我国现代著名诗人，同时也是一位多面手，其创作涉及诗歌、小说、散文、戏剧等多个门类。阮章竞创作涉及面广客观上决定《阮章竞研究》在突出其主要创作成就的同时，还要兼顾其创作整体。在具体写作中，我认为这是一项有难度、有挑战性同时也是一项非常有意义的工作。只是作为研究者的我，实在能力有限，加之在材料占有特别是使用过程中，还有很多客观的限制，对于由此而产生的诸多不足特别是为了行文方便，使用阮章竞的"竞"替代"竸"进而在文献史料作者署名上出现的无法调和的“错误”，我深感愧疚。好在对于任何对象的研究，都是一个发展的过程，我们完全可以期待新的研究者在全面占有史料基础上，解决实际问题，诞生更为丰硕、深刻的成果。

感谢中国现代文学馆梁飞老师、李洱老师等对本书出版的支持，感谢阮章竞之女阮援朝对本书写作提供了许多宝贵的资料和意见，感谢我的学弟陈培浩教授对此书提出的建议。当然，我还应当对西苑出版社社长赵晖、本书责任编辑樊颖老师表示诚挚的谢意。正是他们的无私精神和严肃认真的工作态度，才使这本书诞生。

是为后记，感谢每一位阅读此书的读者！

张立群

2021 年 7 月 6 日于青岛